JN154893

生かされて生かして生きる

青山俊董

春秋社

はじめに

三十年も前のことになろうか。イタリア・アッシジの聖フランチェスコゆかりの地で、国際宗教者学会が開かれ、そこでお話をすべく立ちあがったとたんに時計を落としてしまった。日本の畳や板の床と違い、相手は大理石。あわてて拾ってみたが無惨にも長短二つの針が飛んでしまっていた。そこで私は話の枕に次のような話をした。

私は今、時計を落としてしまい、文字盤をめぐる長短二つの針が飛んでしまった。長短二つの針をおさえているピンが飛んでしまったのであろう。このピンの大きさがたとえば百分の一センチとする。もしこのピンが「そんな目に見えないような小さなお役、つまらないからごめんこうむりたい」とお役を放棄したら、時計全部が機能しなくなる。たとえ目に見えないほどの小さな配役であろうと、時計全体の命を一身に背負って、今ここの配役を勤めているのである。

同様に百分の一センチのピンがどんなにすこやかに自分の配役を勤めようとしても、時計を構成しているすべての部品の中のどれか一つでも故障したら動けない。つまり時計を構成している部品すべての総力をあげての働きを一身にいただいて、はじめて百分の一センチのピンは動けるのである。

「それは何も時計の話ではない。地上の一切の存在のありようを、私たちが生かされている生命のありようを時計にたとえたまでのことである」と。

私は今、天地総力をあげてのお働きを一身にいただいて、眠り、めざめ、書き、話をする。まさに「生かされて生きている」生命の姿である。天地総力をあげての働きをいただいての、今ここの生命のいとなみならば、それを小さな自我の「もの足りよう」に使っては申し訳ない。「ご恩返し」として天地いっぱいにお返しする。それを「生かして」という言葉で表現することができよう。

この「生かして」という言葉だけを聞いていると、自分の力でがんばって努めるというようなひびきがある。積極的に「生かして」という心の立ちあがりがなければならないけれど、その力、その働きさえも天地からの授かりであることを忘れてはならない。

『生かされて生かして生きる』の題名のもとに、講演集を出版していただいたのが平成元年。それから二十八年の歳月を閲し、今ここに装いをあらたにして、再び上梓していただく運びとなった。刊行にあたってご尽力いただいた春秋社の皆さまに感謝の意を捧げたい。

合掌

平成二十九年二月　春立つ日

青山　俊董

目次

生かされて生かして生きる

I　黒髪断ちて入りし道

＊

くれないに命燃えんとみどりなす
　黒髪断ちて入りし道かも

私は愛知県の一の宮に生まれました。大変仏縁の厚い家庭に生まれさせていただいて、数えの五歳の時に、塩尻市で出家していますす伯母のところへ、入門させてもらいました。頭を剃りましたのは、十五歳、中学三年の卒業の三月でした。その出家した時の気持ちを、思い返してつくりました歌が、

くれないに命燃えんとみどりなす　黒髪断ちて入りし道かも

というものでした。

たくさんある命なら、いろんな生き方をしてみたい。あれもこれもやってみて、どれか比較して、いい方の生き方をしてみたい。そうすることもできますでしょう。やり直しのできる命ならば、失敗した、もう一度やり直してみようということもできますでしょう。

しかし、たった一度きりな命、やり直しのできない命ならば、最高の生き方をしてみたい。これっきりないという生き方をしてみたい。これより他にない、行きつくところへ行きついた、最後の最高の生き方がしたい。そういう生き方を教えてくださる、その教えに従って生きたい。そう思って、求め求めて行きついたところ、それがこの姿になった、そういうことじゃないかと思います。

年をとることで色あせるような、あるいは病気になったり、失敗したりすることで失ってしまうような、そんな中途半端な幸せじゃなくて、病気になっても、年をとっても、どんな条件の中にあっても色あせることのない、失うことのない、そういう幸せな生き方をしたい。

それは何なんだろう、どういう生き方なんだろう。そして、求め求めていった最後の姿が、ここに落ちついたと。それが出家という姿だったんだということなんですね。考えてみましたら、大変欲ばりだったから、この道にはいった。小さな中途半端な幸せでは、満足できなかった。大変欲ばりだったから、出家したんだというふうに思っているんです。

本当の幸せ

お釈迦様に、こんなお話があります。お釈迦様が、こうしてお話をしておられた。その時アヌルダというお弟子さんが、うとうといねむりをしたんです。お釈迦様が、お話を終えた後で、このアヌルダをそばにお呼びになって、きびしくお叱りになったんです。心得がたらない、緊張がたらないということでしょうか。

アヌルダが、大変申しわけないと思いましたんですね。以後、決して眠りませんとお誓いをたてた。よっぽど申しわけないと思ったんでしょうか、夜も寝ないというほどの眠りとの闘いをはじめたんです。けれども、生身の体をいただいている人間が、夜も寝ないで過ごすことができるはずはありません。結局、無理がたたって、目が見えなくなってしまうんです。

お坊さんというのは本来、自分でかけるお袈裟は、自分で縫わなければならないことになっています。目が見えなくては、縫うことも大変ですけれども、針に糸を通すこともできません。

アヌルダが見えない目をしばたたきながら、

「だれか幸せを求める人は、私のこの針のメドに、糸を通してくれないだろうか」

とつぶやきながら、一生懸命針のメドをつついていたんですね。そのアヌルダのつぶや

きを、だれよりも早く耳にして、

「どれ、私が通させてもらいましょう」

と言ってくださったのは、ほかでもないお釈迦様ご自身だったんです。

アヌルダはびっくり仰天しまして、

「もったいないことでございます。お釈迦様に私の針のメドを通していただくなんて。けれども、お釈迦様、あなたも幸せを求めておいでですか」

と、聞いてしまうんですね。

それに対して、お釈迦様がお答えになったお言葉は、

「世間、福を求むるの人、われに過ぎたるはなし」（増、阿含経）

世の中の人は、みんな幸せになりたくているけれども、私ほど真剣に幸せを求めたものはいないであろうよ、というご返事なんです。

お釈迦様という方は、小さいながらも一国の王子でいらっしゃった。ヤショーダラー姫という、美しいお妃もあられた。ラーフラというたった一人のお子様もあられた。そのまいけば王様になられる方です。いわゆる世間的には、最も幸せな場所におられるはずのお釈迦様が、そのすべてを捨ててご出家され、それこそ命がけのご修行をされた。それが

だれよりも真剣に幸せを求めた後の姿だったんだというのです。

私どもの求めている幸せとは、ちょっと向きが違うなという気がしてきますね。私どもはみんな幸せを求めているわけなんですけれども、私どもの求めている幸せとは、いったい何なんだろう。私どもが、これはすばらしいこと、これは楽しいこと、幸せなことと、命燃やして生きている中身は、いったい何だろうと考えてみましょう。

命燃やすに足ること

この間も、ある中年のご夫婦が相談にやって来られました。大学の息子が車に夢中になって、学校がそっちのけだというんですね。車を求めるお金や維持するお金がほしいために、アルバイトに追い回されて、授業に出ない。出ないから、授業がわからない。わからないからおもしろくない。結局は学校をやめて、車ばかり追いかけているという。そんな息子さんを、いったいどうしたらいいんだろうと、相談に来られたわけなんです。

結局、この息子さんにしてみれば、学校で授業を受けることよりも、かっこいい車を乗り回すことのほうが、命を燃やすに足ることだったんでしょうね。

この間テレビで、アイドルを追いかけている若者の映像が映りました。夜も昼もなく、アイドルのその俳優を一目見るために追い回す。あの人たちにとっては、まともな学校生活とか、家庭をもつとか、職業につくとか、そんなことよりも、アイドルを追いかけることのほうが、命を燃やすに足ることなんでしょうね。

いずれにしても、私どもが幸せを思って追いかけている中身を、ずっとよく点検してみますと、全部持ち物なんですね。自分の外側なんです。一生、生きていく上での付属品です。年齢とともに持ち替えてゆく持ち物である限り、色あせるものなんですね。

無常の日のもとに、どんどん色あせてゆくものではなくて、持ち主、私の、その私の命も明日はわからないのですから、今日ただ今の生き方をどう生きたらよいか、それを一刻も早く問わねばならないと思うのです。色あせることのない、持ち物じゃない持ち主、私が、このたった一度の命を、最高の最後の生き方に従って、燃やし尽くしたい、生き尽くしたい、これが私の願いなのです。

その願いが、この「くれないに命燃えんとみどりなす　黒髪断ちて入りし道かも」という歌になったのだと思います。

＊

その中にありとも知らず晴れ渡る
　空にいだかれ雲の遊べる

今年の勅題「晴れ」にちなんで、こんな歌をつくりました。
その中にありとも知らず晴れ渡る　空にいだかれ雲の遊べる
「その中」というのは、仏様の御手のど真ん中ということですね。気づくと気づかぬとにかかわらず、信ずると信じないとにかかわらず、従おうと反発するとにかかわらず、その御手のど真ん中から出られないのだと。それが私どもの姿で、「その中にありとも知らず晴れ渡る空」というのは、その仏様の御手のど真ん中ということですね。
その中にいる「雲」というのは私たちですね。雲が温度と湿度と風によってさまざまな模様を展開しながら、荒れ狂ってみたり、流れに乗ってみたりする私どもの人生そのものの姿なんだと。雲にたとえて、ふと感じたことを歌ってみたわけなんです。

独坐大雄峰

中国の唐時代の禅宗のお坊さんで、百丈《ひやくじよう》禅師という方がおられます。その百丈禅師の言葉に、「独坐大雄峰《どくざだいゆうほう》」というのがあるんです。一人の雲水の「いかなるかこれ奇特の事」という質問に対して、お答えになった言葉がこの「独坐大雄峰」です。

今でも「それはご奇特なことで」という言葉を使いますでしょう。大変すばらしいこと、ほめるべきこと、そんな意味ですね。「大変すばらしいこととは、いったい何でしょう」という質問に対して、百丈禅師の答えが「独坐大雄峰」。今、私がここにこうして坐っている、何とも思わなくてもこうして坐っていることができる、呼吸もできる、心臓も動いている、見ることができる、しゃべることができる、書くことができる。その何とも思わないでもこうしておれる、生きているこのひとときのこのすばらしさ、これ以上に奇特の事はないんだよ。これが百丈禅師の「独坐大雄峰」のお心であろうと思うんですね。

ところが、普通私どもがすばらしいことと考えていることは何かといいますと、まもなく大学入試なんかが始まりますから、あちこちから大学入試に合格するよう祈ってくれなんていう手紙や電話がきたり、直接頼みにきたりする人もいます。たとえば入試に合格することが奇特の事であったり、あるいはお金がもうかったとか、病気が治ったとか、勝負に勝ったとかいうことが、私どもが考える奇特の事ということなんです。

本当の奇特の事とはそんな枝葉末節のはしっこの話じゃないんだと。そうじゃなくて、眠っていても心臓が動いているんだと。何とも思わなくても見えるんだと。好き嫌いわがままいっぱいで食べたお食事も、ちゃんと必要なだけ消化・吸収して、あとは排せつしてくれるんだと。そのひとつひとつがどんなにすばらしいことかと。

そしてしかも、こういうなんでもないひとつひとつの背景に、天地いっぱいが総力をあげて働きかけてくれていればこそ、このひとつひとつができるんだと。そのことに気づく、それが最高にすばらしいことなんだというんです。

これが「いかなるかこれ奇特の事」というのに対するお答えの、「独坐大雄峰」という意味であろうと思うんですね。

天地いっぱいを背負って生きる

先だって、一カ月の間に二度ばかりころんで両足をねんざしまして、二度目は、またねんざしちゃ大変だと思って無理をして、逆に腰までひねって、寝ていても寝返りも大変。そんなことからたくさんのことを学びました。

元気なうちは、せきとかくしゃみというのは、口でするものだと思っていましたが、せきひとつしても腰までひびく。あくびをしても足までひびく、という姿を通して、ああなるほど、せきひとつ、あくびひとつをからだ全部が手伝って応援してくれて初めてできるんだなということに気づかせてもらいました。

同時にもうひとつ学ばせてもらいました。せきひとつ、あくびひとつを体全部が総力をあげて手伝ってくれるんだ、けれども、代わってはもらえないんだな、ということなんですね。やっぱり、せきやあくびは、口でしかできない。腰じゃせきはできない。足ではあくびはできない。代わってはもらえないんだなということを、学ばせてもらいました。天地いっぱいが、私一人を生かすことにかかりきっている。私一人が今、ここを生きることが、天地いっぱいを背負っている。こういうことなんですね。それを仏教の専門の言葉を借りて言うと、「一即一切」「一切即一」というんですね。

天地いっぱいに生かされて生きる

私が大変尊敬申し上げている先生の一人に、東井義雄という先生がいらっしゃるんですね。教育の畑に生涯を過ごされた方で、今、全国を講演に歩いておいでの方です。

この東井先生が、先日、こんなお話をして下さいました。その日も夜遅くに、講演旅行から帰られた。夜中の十二時半から一時頃、電話がはいった。この夜遅くに誰がいったい電話をくれたのかなと思って、受話器をとってみたら、男の方の大変せっぱつまった声で、

「世の中の人がみんな、私を見捨てた。裏切った。生きてゆく勇気がなくなったから、首をつって死のうと思う。しかし、ひとつだけ気になることがある。なむあみだぶつととなえて死んだら、救ってもらえるか」

という電話だったんですね。東井先生は、

「待ってください。あなたのきまぐれなこしらえごとのなむあみだぶつぐらいで、救われるもんですか。そんなことよりも、あなたはまわり中が見捨てた、裏切ったというけれども、あなた自身が自分の命を見捨てて、裏切って死のうとしているじゃないか。その時でも一刻も見放さずに、つらかろうけれど生きのびてくれよ、乗り越えてくれよと、呼びかけ通しに呼びかけ、働きかけ通しに働きかけていて下さるそのお声がきこえないか」

と言ったというのです。

すると、その電話の主が、

「どこにもそんな声、きこえやしない」という。

「死のうとしているその時も、ほら、あなたの心臓がどきどき動いているでしょう。あなたの呼吸が出入りしているでしょう。それが仏の呼び声じゃないか。そのほかのどこに仏の呼び声があると思うのですか」

と言ったといいます。電話の主は、

「考え違いをしていたようだな」

と言って、電話を切った。たぶん生きのびていてくれると思うけど、というお話でした。その御力、それが天地いっぱいの力なんですね。天地いっぱいに生かされて、今、ここをひと息ひと息を生かされている。

そこでもうひとつ大事なことは、天地いっぱいの命に生かされているということにおいては動物も植物もすべて同じなのだけれど、そういう大変な命を生き、生かされていることを自覚することができるのは、やっぱり人間だけじゃないかと思うんです。そういう人間の命をいただいて生きていることを、これを大事に、おろそかにせずに生きていきたいと思うんですね。

＊

つかの間のきらめきながらとこしえの
　光やどして水の流るる

昭和六十一年の勅題「水」にちなんで、つくりました歌です。
　つかの間のきらめきながらとこしえの　光やどして水の流るる
つかの間の、一瞬にして消えてゆく波が、その一瞬の命に、太陽の光を、月の光をきらりとやどして、次の瞬間消えてゆく。ちょうどそのように、私の命もどれだけ許されて生きられる命かわからないけれども、たとえば十年、五十年、七十年と違っても、つかの間の命に変わりないわけですが、そのわずかな命の間を、どうぞ少しでもこれ以上ないという、真実の生き方に従って生きたい。それが、こんな歌になったわけですね。

精進ということ

お釈迦様が残された根本経典のひとつに、『法句経』というのがあります。その中に、こういう言葉があります。

人もし生くること　百とせ（百年）ならむとも
おこたりにふけり　はげみ少なければ
かたき精進にふるいたつものの
一日生くるにも　およばざるなり

「おこたり」と訳されたもとの言葉は、「放逸」という言葉です。「放逸」とは、「精進」に対する言葉で、パーリ語の原典では、「煩悩に従う」という意味をもっているそうです。ああしたい、こうしたいという自分の欲の満足のために、寝もやらず努力しても、それは「精進」とはよばないのだというんですね。道に従って、天地の道理に従って、あるべきように努力する姿を「精進」とよぶので、凡夫、私の欲の満足のためにどんなにがんばっても、それを「精進」とはよばないんだと。それがこの句の意味でございましょうか。

金がほしい、名誉がほしい、あの娘がほしいと、凡夫、私の欲望が主人公の座にドッカと坐りこみ、その欲望の満足のために、私が奴隷となって走り廻ることを、道元禅師は

「声色の奴婢と馳走す」とおっしゃいました。欲望の満足を追っかけての人生を百年生きるより、道に従い、真実に従って生きる一日の人生の方が、どれほど尊いかしれないというのが、この教えの意味であろうと思います。

中身のものさし

ひとつのものを測るものさしにも、いろいろあると思うんですね。長さというものさしからいえば、百年生きたほうがいいわけなんですけれども、中身はどうかというものさしもあると思うんですね。どういう中身のある生き方をしたか、というものさしもあると思うんです。

私が教えた生徒の娘さんが、中学生でマラソンの選手なんだそうです。先日、まもなくマラソンの競技があるから、勝つように祈ってくださいという手紙がきたんですね。それで、私はこんな手紙をだしました。

「勝つことも大事だけれど、いろんなものさしがあって、どんな努力を払ったかという、中身のものさしもあるよ」ということを書いたんです。たとえば、一の努力で十の結果を得ることもあれば、十の努力で一の結果しか得られないということもあるわけです。

普通の世界では、一の努力で十の結果を得たほうが良しとされますけれども、十の努力で一の結果しか得られない人もある。仏さまはどっちに軍配をあげるだろうかと思う時に、一の努力で十の結果を得るより、十の努力で一の結果を得る。しかし、そんなことにめげずに結果を論ぜずに、一生懸命やっている。そちらに仏さまは軍配をあげられるんじゃないだろうか、というようなことを、まず書きました。

それから、こんなことも書きました。私の尊敬している先生のお一人に、米沢英雄というお医者さんがいらっしゃいます。この方のお孫さんは幼稚園で、運動がからっきしだめなんだそうです。この間の運動会に、一番びりっこで走っていたというんですね。その時、そのお孫さんの前を走っていたお子さんがころんだのだそうです。

そうしたら、「孫のやつ、そのころんだ友だちが起き上がって走り出すのを待っててやって、それを確かめてからまたぼつぼつと走り出して、またもめでたくびりっこになった」というんですね。それをお孫さんのお母さんが、おうちに帰ってきて、嬉しそうに報告してくれた、といって、嬉しそうに話してくださる米沢先生のこのお話が、なんとも嬉しいお話として、私の心に残っているんです。なんか心の中が、ほかほかするような気がいたします。

今どきのお母さん方、ひとつまちがえたら、

「あなた、ばかだね。その時追い越していけば、みじめなびりっこにならなくてもすんだんじゃない？」

と叱りかねませんのに、勝ち負けをぬきにして、そういう温かい子供さんのありかたを良しとして、ほめて育てようとするお母さんの姿は、なんとも嬉しいお話なんですね。

人を押しのけてでも、足をひっぱってでも一番になる。そんな人もいる。これは日本一だめな一番だと思う。びりっこでも日本一のびりっこもある。そういう見方もある。ですから、中身はどうかという見方もあるんじゃないかということです。

なるべく身心のやわらかい時に、そういうじょうずに負けるけいこをする。悲しみ、マイナスを、プラスに切り換えていくような生きざまを学ぶ、これが大事なんだよと。

さらに、もうひとつつけ加えました。ちょっと中学生にはむずかしかったかもしれませんが、負けた時に、勝った人の喜びを、私の喜びと喜んであげるだけの大きな人、大きな心になること。それから、さいわいに勝つことができたら、負けた人のおかげで勝たせてもらえたと思える心、あるいは、負けた人の悲しみがわかる人間になる。これが、もっと大事なことなんだと思うのよと。そんな手紙を書きました。ひとつのことから、そんな学

びをしてほしいと思ったんですね。

Ⅱ 真実の生き方を求めて

私どもはお互いさまにたったひとつの命をいただいて生きております。やりなおすことも、とりかえることもできぬいっぺんこっきりのこの命を、誰しもかわいいと思いますでしょう。いとしいと思いますでしょう。どうなってもよいと、もし捨てばちになっている人がいるとしても、ほんとうは幸せでありたいという強い思いの裏返しの姿にすぎないのであって、意識する以前に、本能的に自分がいとしいのです。世のため人のためと大言壮語しても、奥の奥のどこかでちゃんと私の幸せのために計算が合っているんだということでなかったら、何ひとつしないというのが、凡夫、私どもの偽らぬ姿じゃないでしょうか。

幸せとは何か

お釈迦様は、弟子のアヌルダの「お釈迦様も幸せを求めておいでですか」という問いに対して、

「世間、福を求むるの人、われに過ぎたるはなし」

つまり、〝世間の人は皆、幸せになりたくて一生懸命だけれど、私ほど真剣に幸せを求めたものはいないであろう〟とお答えになっておられます。

ご存知のように、お釈迦様は釈迦国の王子でいらっしゃいました。小さいながらも一国

の王子として、富も名誉も美しいお后《きさき》も、すべて思うままになるそのお方が、その全部を捨てて、一介の乞食僧《こつじきそう》となってご修行遊ばされた。それが本気で幸せを求めた末のお姿であったという。幸せを求めるという点では私どもと変わりはないけれど、私どもの考える幸せとは中身が違う、幸せの方向が違うということに気づきますね。

インドの古いお話ですが、ビンズル尊者という方がおられました。皆さんのお耳に親しい仏様ではないかと思います。お寺の本堂の、須弥壇の上にはあがられなくて、入り口にいらっしゃる仏様ですね。このビンズル尊者とウダエン王は幼なじみだったんですが、一方は王様となり、多くの国を自分の手中におさめ、権勢をほしいままにしていたのです。一方ビンズル尊者は、出家をされ、修行をされて、立派なお坊さんになられました。

あるとき托鉢をしながら、故郷のウダエン国へやって来て、林の中で坐禅をしておられました。そのことを伝え聞いたウダエン王は、大勢の家来や美しい女官をしたがえ、自らも王冠をかぶり美しくよそおい、ビンズル尊者を林の中に訪ねました。ボロボロのお袈裟をまとい、応量器のほかは何も持たない、もちろん家もなく、樹下石上を住居として坐禅をしておられるビンズル尊者の前に、ウダエン王は肩を張ってこう言いました。

「私は今、たくさんの国を征服して、その勢いたるや昇る太陽のような勢いである。軍隊も金も美しい女官も、すべて心のままじゃ。どうだ、うらやましくないか」

ビンズル尊者はたった一言。

「われに羨心《ぜんしん》なし」

と答えたんですね。〝ちっとも、うらやましくないよ〟というんです。要するに、幸せということの価値概念に、百八十度転換がなされているということですね。

もう十年も前のことでございましょうか。紀野一義先生とテレビの「宗教の時間」に、二度ばかり対談したことがございます。最初の対談を終えて二度目の対談に入ったとき、紀野先生が、

「〝あの尼僧さん、どうして坊さんになったのか、聞いてくれ〟という一般聴衆からの投書があったので、やむをえず聞くのだけれど、どうして出家されたのか」

と言うんですね。一般の方が尼僧さんを見ますと、一番聞きたいことのようです。

それで私は、

「仏教のほんとうのすばらしさというものを知ることができたら、十人が十人、百人が百人、皆坊さんになると思いますよ。お釈迦様も、この世の中で一番の欲ばりだったから、自分がかわいい、自分が幸せになりたかったから、出家したんだと思いますよ。

使ってしまったらなくなってしまう金ぐらいで、あるいはいつ亡くなるかもわからぬだんな様とか子供とか、まことにおぼつかない名誉とか、そういうどれもこれも中途半端な幸せに満足しておれなかったから出家したんですよ。私もお釈迦様には遠くおよびませんが、やはり欲ばりだったから出家したんだと思います」

と答えたんです。対談が終わって控え室へまいりましたら、ディレクターが、

「先生、うまいこと逃げましたね」

と言うじゃありませんか。

「逃げたんじゃない。ほんとうですよ」

と言ったことですが、世の中の人は、もう少しドラマティックな、あるいはロマンティックなお返事がほしいらしいですね。「好きな人がいたけれど一緒になれなかった」とか。しかし、そんな程度のことで出家できる簡単な世界ではありません。一時的な感情のたかぶりとか感傷ぐらいで入った人は、その感情がおさまる時が、坊さんをやめていく時です。もっとすばらしいものにひかれ、気づいてこそ入れる世界です。

持ち物から持ち主へ

お釈迦様やビンズル尊者が求められた幸せの中身は何なのか。それに対して、私ども凡夫が一般的に考え求めてきた幸せとは、いったい何だったのか。幸せの内容の点検をしてみなければならないと思うのです。

私ども凡夫が、普通、幸せという言葉を耳にしたとき、心に浮かぶことは何でしょう。貧乏より金があったほうがいいような気がする。金さえあればすべての人生の悩みは解決するような気がして、金、金、金と一生金を追いかけまわして終わってしまいかねない人生を送っている人もたくさんいる。あるいは病気であることより健康のほうが幸せのような気がする。ヘチャより美人のほうが幸せのような気がして、鼻を高くしたり低くしたりする。失敗するより成功したほうが幸せのような気がする。

若い世代ですと、まず高校入試、大学入試、そして一流大学へ進学し、一流会社へ就職し、よい人を見つけて結婚し、いいホームをつくり、いい子を産み育てる……。女の人でしたら、わが子を一流大学へ進めるとか、ご主人のお尻をひっぱたいて課長とか社長に出世させるという形で、自分の名誉欲を満足させる。だいたい私どもが幸せという言葉について普通に思いおこすことは、この程度のことでございましょう。

しかし、よくよく考えてみますに、私ども凡夫が幸せと考えているものは、みな物なんですね。一生生きてゆく上での、年齢とともに持ち替えてゆく持ち物であり、年齢とともに着替えてゆく衣装なんですね。

ルソーは『エミール』のなかで、

「人間はだれでも、王者であろうと大富豪であろうと、生まれるときは裸で貧しく生まれて来、そして死ぬときにも、裸で貧しく死んでゆかなければならない。このしばらくの中間に、さまざまの着物を着る。女王のような華やかな着物、乞食という衣装、僧服、金持ち、社長、美人、さらには主義とかうぬぼれとか劣等感とか。すべて衣装。ほとんどの人が、この衣装にばかり目をうばわれて一生を終わる。すべてを脱ぎ捨てて裸の私自身をどうするかを、まったく忘れてしまっている」

というようなことを言っております。

私どもがかけがえのない命を代償として追い求めていたものは、年とともに持ち替え、年とともに着替えてゆく衣装にすぎなかったということです。肝心な持ち主そのものが忘れ去られていたということです。持ち主を忘れて、持ち物を追いかけることだけにうつつをぬかし、それを得たことに酔いしれていたということです。

持ち物である限り、物というものは無常であるということ、移ろうものであるということは天地の道理でありますす。山と積まれた財産が借金に変わる日のくるのも当たり前。若さがやがて老醜へと移るのも当たり前。どんなに大切なかけがえのない人でも、お迎えが来た限り逝かねばならない。病む日のあるのも当たり前。愛が憎しみに転ずる日のあるのも当たり前。

よく若い人が「こんなに愛し合っているのに、憎しみ合う日が来るなんて考えられません」といいますけれど、愛と憎しみはひとつのことの裏表。愛は深いほどひとつまちがえると憎悪も深くなる。憎しみのただ中で、これほど憎らしいのは、これほど深く愛していた証拠なんだと、その反面を見ることができたら、もう少し楽に生きてゆくことができましょうが。凡夫の悲しさで、愛するときは愛の一面しか見えず、憎らしいときは憎らしいの一面しか見えませんが、愛情はひとつのことの裏表です。損得もひとつのことの裏表。

いずれにしても、移ろうて止まぬのがこの世の道理というもの。その移ろうて止まぬものに、変わらぬ幸せを求めようとすること自体がまちがっているのです。人生観そのものが根本的にまちがっている。一刻も早くまちがいに気づき、一刻も早くこの酔いから醒め、持ち主そのもののありようを問わねばならない。

これがお釈迦様のねらわれるところではなかったんでしょうか。ウダエン王がいばってみせている中身は、持ち主や衣装にすぎず、肝心な持ち主を忘れています。そんな王の姿は、ビンズル尊者の目にはあわれにさえうつったことでしょう。明らかに醒めた目で見ることができているビンズル尊者にとって、持ち物なんか少しもうらやましくないはずです。ところが今や、国をあげて、人類をあげて、この持ち物を得ることの幸せへと狂奔しているのではないでしょうか。政治も経済も科学も、すべてこの人間の持ち物への欲求の満足のために、ひた走りに走っているというのが、現代の姿ではありませんか。文化とよばれるものの内容も、おおかたこの方向に向かって走っているようです。そういう方向の科学や政治の行きつくところは、どういうことになるのでしょう。

形態や規模は変わっても国盗り合戦には変わりはなく、経済戦争に変わりはなく、そのための手段として原爆や水爆までつくり出してしまう。欲の満足を追うということが原動力になっての科学、政治であった場合、行きつくところ、幸せを求めていながらも人類の滅亡が待っているのみ。自分の手で自分の首をしめるという方向に、暴走するようなことになっていはしないか。

あるいは、幸せでありたい、楽をしたいという願いから発明された物質文化の豊かさのなかで、人間は身心ともに加速度的に弱体化してきています。身心別ならずで、体が弱体化すれば心も弱体化してゆきます。

私、インドへ行ってまっ先に思いましたね。この地球上に万一のことがあった時、生き残る者は、裸で素足で、大地の上に寝起きしている、いわゆる原始的な生活をしている人人だな、ということを。文化人面《づら》をしていばっている者は、まっ先に駄目になるなということを思いました。石油や電力をおこす資源が、いつの日かこの地球上からなくなる日がくる。その時この地球上に残り得る者は、もっとも原始的といわれる生活をしている人々でしょう。

問題は、私どもがとかく考えている政治とか経済とか文化とかいうものの発想のもとが、持ち物や着る物への欲の満足という方向にだけ向いているという点にあるのです。このへんで人類は本気になって、生きる姿勢の、一切の方向の転換をしなきゃならんのじゃないかと思うのです。

持ち主、私はいったいどう生きたらいいのか。まっ裸になった私自身はどうしたらいいのか。そのことを問わなきゃ駄目なんじゃなかろうかと思うんです。持ち主、私の、今、ここの生きざまなんですよ。その持ち主、私のこの命も無常なんですから。明日ではない、どこかではない、今日ただ今、この足もとをどうしたらよいのかを問わねばならないのです。

生きている時にこそ

今日ただ今、この足もとということで思い出すことがございます。私がさいわいに寺におります時、ご近所で五十歳代のお母様が亡くなり、お通夜に参りました。五十歳代といいますと、お母様としてはまだ現役ですね。いわゆる枕経というのを読んで、柩におさめて、近親の方が最期のお別れをして蓋をするという、一番悲しい時でございます。

夫婦というものは、普段は親しいあまり、〝あんな奴はいないほうがいい〟とか、〝畳と何とかは新しいほうがいい〟とか、勝手なことを言っておりますが、いざというとそうではありませんね。やっぱり夫婦というものは二人で一人というものでございましょうか。

ご主人は着替えをすることも忘れ、普段の支度のままで、ぼんやりと魂の抜けた人みたいに座っておられました。前の人、後の人に押されるようにして、引かれるようにして、柩におさめられた奥様のそばに寄られて、じっと奥様を見つめておられましたんですが、たった一言、

「お前には苦労かけたな」

とぽつっとおっしゃいました。

この一言を聞きながら、私は思いました。生きておられるうちに、この一言を伝えてあげてくださったら、奥様はどんなにうれしかったろうに、と。しかし、夫婦というものは、あまりに親しすぎて心に思っていることも、なかなか口には出せないもののようでございますね。しかし、心に思ったことは言葉に出して伝えるということも、大切なことではなかろうかと思ったことです。

このお母様には子供さんが四人おられまして、上の三人はそれぞれ嫁いでおられました。ご夫婦連れ立って、あるいは子供さんの手をひいて、お母様とお別れをなさったんです。四人目の息子さんだけ、まだ一人でおられました。その息子さんが、お母さんの柩の側にかけ寄って、その冷たくなった手にしがみついて、

「母ちゃん！　いいとこへ行くんだよ！」

と叫んだんですね。思わずの叫び声だったろうと思います。

「母ちゃん、いいとこへ行くんだよ」、この一言を聞いて、それまで一生懸命こらえていた人たちが、声をあげて泣き出しました。私も思わずもらい泣きをしてしまいました。親子、兄弟、夫婦の情として、「いいところへ行ってもらいたい」というのは、当然の願い

でございます。

私も、私を生んでくれました母、それから私を五歳から寺で育ててくれました師匠の二人を、ともに四日違いで亡くしまして、かけがえのない人を亡くすことの悲しみが、どんなにやりきれないものであるかは、よくわかっているつもりです。よくわかりながら、しかし私はその時、心の中で叫んだんです。

「いいとこは、死んでから行くとこじゃない。死んでからでは遅いのだ！」

子供たちの間で、テレビの一休さんが大変評判のようですね。頓智《とんち》で有名なこの一休さんは、京都の臨済宗、大徳寺の偉いお坊さんでございます。この一休禅師も頼まれて、お通夜に行かれました。普段は金もうけに忙しくて、お寺などに行く暇がない、そんな方が亡くなってのお通夜です。

一休禅師は、亡くなったご主人の枕元に端然とお座りになったままで、いつまでたってもお経を始めようとなさらない。一生懸命かしこまって、うしろでお参りしていた人々が、とうとうしびれをきらしまして、

「いったい、一休禅師、いつになったらお経を始めてくれるんだろう」

とぼそぼそ言い出したんです。その声を聞いた一休禅師、皆さんの方に振り向いておっ

しゃいました。

「これほど立派なお家で、これほど立派な調度品も整っているお家だから、さぞかし金づちも立派なのがあるだろう。そのなかでも、亡くなったご主人が一生涯愛用していた金づちを持ってきてくれ」

とおっしゃるんですね。

お通夜のお経を読むのに、何で金づちがいるんかいな、と不思議に思ったけれども、禅師様が持ってこいとおっしゃることですので、ご主人が一生涯愛用しておられた金づちを持ってきてさしあげたんですね。禅師様は、その金づちを受けとるやいなや、亡くなったご主人の頭をポカンとたたいたんです。皆、びっくりいたしまして、口々に怒り出しました。

「いくら禅師様にしたところで、亡くなった主人の頭をたたくという法はない」

と言って怒り出したんです。

すると禅師様は、皆さんにお尋ねになりました。

「亡くなった主人は、私に頭をたたかれて痛いと申したか？」

これには誰もお返事ができませんね。だまっておりました。そうしましたら禅師様が、

「仏の教えというものは、生きているうちに聞くもんじゃ。一生涯愛用していた金づちで、自分の頭をたたかれても、痛いとも言えなくなってからでは遅いのじゃ」

とおっしゃって、お経も読まずに帰って行ってしまわれたという、大変一休さんらしいお話が残っております。

まことに、その通りでございますね。いつのまにか仏教というもの、お経というものが、生きた人にはお尻を向け、亡くなった人に向かって読むもの、読んでいる人自身もわからぬようなお経を、呪文めいて読むのがお経のような錯覚を覚えてしまっていることは、残念なことでございます。

だれしもがたったひとつの命をいただいて生きている。とりかえることも、やり直すこともできない。しかもいつお迎えが来るかわからない不確かな命をいただいて生きている。この命、誰しもがかわいいと思います。悔いなく生きたい、幸せに生きたいと願っています。

だれよりも真剣に幸せを願われたお釈迦様が、人間の真実の生きざまを求めて、出家し、命がけのご修行の末に、見つけ出された真実の教えを、一人でも多くの人の幸せのためにと、八十年のご生涯を一日も休まずに説き続けられた、その言葉を文字にたくしたものがお経でございましょう。どう生きるべきかを問う、人生の道しるべとして読むのがお経であり、今日の私の生きる姿勢の乱れをただす鏡として読むのがお経でなくてはならないのです。死んでからの話ではないのです。

「もえさし」の話

勝負はどこまでも、今、ここ、ということですが、今、ここ、ということで思い出すもうひとつのお話がございます。

教育に生涯をかけられた東井義雄先生が、私の寺へお越しくださいました時、「燼《もえさし》」というお話をしてくださいました。教育のことをお百姓さんのお仕事にたとえられまして、「下農は草を作り、中農は作物を作り、上農は土を作る。教育の畑の土作りは親作りだ」とおっしゃって、その親作りのために全国を走り廻っておいでの先生です。

この東井先生のお友達でOという校長先生が、『燼』という文集を出されました。ずいぶんおかしな名前の文集を出したものだと思って読んでみたら、こういうことが書いてありました。

私は、きょう、五十六歳の誕生日を迎えた。近ごろ、日本人の寿命が延びて、平均七十歳までは生きられるようになったという。自分も七十歳までは生きられるのであろうか。明日の日もわからない。七十歳まで生きられるとしても、計算してみると、あとわずかだ。これは大変と気がついて、人生七十年を一日二十四時間にあてはめてみた。七十年の半分の三十五歳が正午ということになる。五十六歳はどのあたりになるのかと計算してみると、午後七時十二分ということになる。またハッとした。すでに自分の人生は日が暮れてしまっていることを思い知らされた。大事なところはすでに燃えてしまって、あとわずかな「もえさし」が残っているにすぎない。うっかりしていると、これさえもすぐ燃えつきてしまう。自分は今から、心を新たにして「もえさし」の人生を大切にしようと思う。そのために自分はこの文集をつくることを決意した。

読んでギクッとされた東井先生、それじゃ、私は何時ごろになるんだろうと、O先生流に計算してみた。定年近い東井先生の割り出された時間は、ちょうど午後の七時。ハッとしたというんですね。

「私の命ももえさしだ。O先生はもえさしを大事にするためにというので文集を書かれたけれども、いったい私はどうしたらいいんだろう」と真剣に考えられた。

校長先生ですので、学校の先生方の教育記録に目を通して、感想を書いたりして夜遅く寝ようとすると、「もえさしが寝よるわい」という思いが湧いてくる。「もえさしが寝よるわい」と思うと、なんともあわれでみじめで、なかなか寝つかれない。それでもくたびれて寝てしまい、翌朝目が覚めて、お手洗いへ行ってしゃがもうとすると、「もえさしがしゃがみよるわい」という思いがまた湧いてくる。なんともやりきれなく、いても立ってもいられなくなり、このもえさし、いったいどう生きたらいいんだろうと、そればかり考えるようになったというんですね。

それらしいお話があれば聞きに行き、それらしい本があれば求めて読んでみる。最後にもえさしの生きざまを教えてくれる本にぶつかった。何かといったら、大島みち子さんという人の書いた『若きいのちの日記』という本。ご存知の方も多いかと思います。

高校時代に顔の軟骨の腐る病気になり、一時よくなって大学へ進んだけれども、また再発し、二十一、二歳の若さで一生を閉じていかねばならなかった大島みち子さん。テレビで「マコ、わがままいってごめんね。ミコはとってもしあわせなの」という歌とともに、全国の若者たちを感動させたお話のようでございます。その大島みち子さんの最後の記録、『若きいのちの日記』というのを読んで、東井先生が「もえさし」の生きざまを教えてもらったというんですね。詩の一節を紹介してくださいました。

　病院の外に
　健康な日を三日ください。
　一週間とは欲ばらない。十日とは欲ばらない。たった三日でいいから健康な日がいただきたい、というのですね。もしいただけたらどんな生き方をするか。

　　一日目
　わたしはとんで故郷に帰りましょう。
　そして
　おじいちゃんの肩をたたいてあげたい。
　母と台所に立ちましょう。
　父に熱カンを一本つけて、おいしいサラダをつくって、
　妹たちと　楽しい食卓を囲みましょう。
　そのために一日がいただきたい。
　　二日目
　わたしはとんであなたのところにいきたい。

あなたと遊びたいなんていいません。
お部屋のお掃除してあげて、
ワイシャツにアイロンをかけてあげて、
おいしい料理をつくってあげたいの。
そのかわり
お別れのとき　やさしくキスしてね。
三日目
わたしは、ひとりぼっちで
思い出と遊びましょう。
そして、静かに一日が過ぎたら、
三日間の健康をありがとうと
笑って永遠の眠りにつくでしょう。

なんという美しくつつましい願いでしょう。たった一日の健康な日も許されることなく、死んでゆかねばならなかった大島みち子さんですけれども、もし一日でも健康な日が許されたとしたら、大島みち子さん、どんな思いで故郷へとんで帰ったことだろう。そして今生最後のおじいちゃんへの肩たたきを、精いっぱいの思いでたたいてあげたことでしょう。今生最後のお父さんへのお酒のお燗を――お酒のお燗もなかなかむずかしいものでございます――最高においしいあんばいにお燗をしてお父さんにすすめたことでしょう。

今生最後のお母さんとの台所仕事。またという思いがあるといいかげんになります。これっきりと思えば手を抜くこともない。精いっぱいの真心をこめてお料理をしたことでしょう。今生最後の家族との食卓囲み。どんなに体につらいところがあっても、精いっぱいの笑顔で楽しい食卓づくりをしたことでしょう。

今日、ただ今の命

そう思いながら、この詩をくり返し読ませていただいているうちに、ふと気がつきました。私の命も同じだということに。さいわいに健康に恵まれているために、かえって気がつかず、命の姿というものを見ることもできず、明日もあさっても、来年も十年先、百年先までもこの命をいただいているような錯覚をおぼえて、今日を、今をうかうかと過ごしてしまっております。

今日ここに大ぜいの方がお越し下さっておりますが、このなかでただの一人も明日の命を確実に保証していただいている人はいないはずです。明日どころか、一刻あとの命の保証もない。

東井先生が「生きているということは、死ぬ命をかかえていることだ」とおっしゃっておられますが、生きているというそのこと自体が、いつも死と背中合わせなんだということを忘れてはなりません。

とにかくお互いさまに今日、ただ今のみの命を生きているということだけは、まちがいないことです。自分が気づいていようといまいとにかかわらず、命の姿というものはそういうものなんです。ですから、全部の人が刻々に、今が最後と思って、そのことそのことに取り組まねばならないわけです。

さいわいに、今夜元気で食事の準備をさせていただくことができた。ひょっとしたら、これが人生最後の食事の準備になるのかもしれない。そう思って一度一度を大事につとめさせていただかねば。ところがなかなかそうは思えない。毎日毎日、十年も二十年も台所をせねばならないと思いますから、いやになってしまいます。

女の人はよく言いますね。「食べることがないと楽だわね」と。ほんとうはもったいないお話です。さいわいに元気で「行ってらっしゃい」と朝の送り出しをすることができた。

ひょっとしたらこれが今生最後のお別れになるのかもしれないと思って、一生懸命送り出さねばならないのですね。あるいは「おやすみなさい」を言わねばならないのです。

先日も、私の近くの小学校の子供がお母さんと一緒に寝ていて、朝起きたら、お母さんが横で亡くなっていた。お母さんが起きないから、一生懸命「お母さん、お母さん」と起こしたら、もう冷たくなっていたというのですね。子供がかわいそうでした。「一緒に寝ていたのに、自分のお母さんが死んでいたことも知らないで寝ていた」と、泣いて悲しがっていました。

命の姿というものは、そういうものでございます。朝さいわいに目がさめることができるかどうかは、誰も期しがたいことなんです。本気でそういう命の姿を凝視し、一刻一刻を大事に生きる。これよりほかに、もえさしを大事に生きる生きざまはないということです。東井先生が大島みち子さんの詩から学びとられたもえさしの生きざまということは、そういうことだったんですね。

もえさしを大事に生きるということは、何も特別のことをすることじゃなかった。毎日毎日のくり返しとして、平凡なこととして見過ごしていたこと、見捨てていたこと、そのひとつひとつを精いっぱい大事に生きるよりほかに、もえさしを大事に生きる生き方はないと気がついた、とおっしゃるんですね。

生きがいといいますと、私どもは何か特別のことをしないと生きがいを感じられないかのようにぼけてしまっております。お忙しいのに、こういう所へ来られてお話を聞いてみるとか、あるいは修行道場へ行って痛い足を組んで警策でぶったたかれてみるとか。何か特別のことをしないと生きがいが感じられないかのようにぼけてしまっています。しかし一生の間に、特別のことをして過ごす時間などというものは、百分の一、千分の一の時間でしょうね。何気なく平凡に生きる時間の方が、そのほとんどをしめているのではないでしょうか。

しかし平凡に過ごす一刻も、特別のことをして過ごす一刻も、かけがえのない私の命を生きている一刻であることに変わりはない。どの一刻も私の命の重みに変わりはない。となれば、平凡なこととして、つまらぬこととして何気なく過ごしている人生のおおかたの時間の、そのひとつひとつを精いっぱい大事に生きるよりほかに、もえさしを大事に生きる生き方はないということになりますね。

それで東井先生は、「もえさし」の生きざまの結論として、

「今が本番、今日が本番、今年こそが本番。

明日がある、あさってがあると思っている間は、なんにもありはしない。
かんじんな『今』さえないんだから」
という言葉を得られた。学校の行き帰り、「今が本番、今日が本番、今年こそが本番」と自分に言い聞かせて歩いたというんですね。

生死は仏家の調度品

私ども凡夫は、病気はいやで健康のほうがよいと思う。憎しみはいやで愛がよく、貧乏はいやで金持ちのほうがいいと思う。しかし実際の人生は、私たちの都合のいいほうだけで準備されてはおりません。幸も不幸も、愛も憎も、損も得も、貧乏も金持ちも、全部かたよることなく準備されているのが人生というものです。人生の道具だてというものはそういうものです。これを道元禅師は、「生死《しょうじ》は仏家の調度なり」とおっしゃっておられます。

仏教の世界で「生死」という言葉を使ったときは、生き死にということばかりではなく、愛憎、損得、幸不幸、すべてのことがどろどろと渦巻く、凡夫の世界のことをいうのです。愛が憎しみに転ずる、憎しみが愛に転ずる。もうける時がある。損する時がある。怒り、腹立ち、さまざまの波の変転するこの波乱万丈の人生を、「生死」という。これが人生の道具だてであり、それはそのまま仏の家の調度品だというんですね。この生死の世界を嫌って、別のところに幸せな世界を求めようとしたら、それは車のながえを北に向けて、南の国の越に行こうとするようなものだというのですね。あるいは頭を南に向けて北斗七星を見ようとするようなもので、見当違いもはなはだしい、と道元禅師はおさとしくださっています。

『正法眼蔵《しょうぼうげんぞう》・生死《しょうじ》』の巻に、

「もし人生死のほかに仏をもとむれば、ながえを北にして越にむかひ、おもてを南にして北斗を見んとするがごとし。いよいよ生死の因をあつめて、さらに解脱の道を失へり」

「この生死はすなはち仏の御命なり。これをいとひ捨てんとすれば、すなはち仏の御命を失はんとするなり」

とあります。天気にたとえてみるならば、晴天ばかりでも困る。雨の日あり風の日あり、雪の日嵐の日、全部がそろってちょうどよろしいように、人生もすべてのことが落ちなく準備されていてよろしいのです。

病気がもうひとつの世界を開く

一つ二つ具体的な例をあげて考えてみたいと思います。たとえば病気ということに出くわしたとします。健康にまさる幸せはないと申しましても、生身の体をいただいている限り、病む日もあります。

私も、もう十年以上も前のことになりますが病気をいたしまして、東京の順天堂病院に入院し、開腹手術を受けました。一番最初に病気を自覚し、入院手術を受けなければならないだろうと気づいたとき、心に浮かびましたことは、〝ちょっとこっちの病気は都合が悪いから、あっちの病気にしてくれませんか〟と、病気を選ぶことができたらいいな、ということでした。

しかし、病気を選ぶことができないとなったら、病気も仏様からの授かりものと気づかせていただきました。健康も仏様からの授かりものならば、病気も仏様からの授かりもの。授かりものならば、双手を合わせて頂戴いたしましょう、と覚悟ができました。思わず、

み仏のたまいし病　もろ手合わせ
　受けたてまつる　心しずかに

という歌が口をついて出ました。仏様よりのいただきものならば、たとえそれが死に至る

病であろうと、心しずかに頂戴いたしましょう。そんな気持ちで、心やすらかに手術台にのぼることができました。

手術を経験された方はおわかりと思いますが、術後の二、三日というものはまさに七転八倒の地獄の思いでございます。しかし、病気でつらいのは当たり前。当たり前のことは悩まないのだ。これが大事ですね。病気でつらいというのと悩むというのとは世界が違います。次元が違います。病気で体がつらいのは当たり前。当たり前のことは悩まんのだと、ここですきっとふんぎりをつけ、それよりもせっかく病気をしたんだから、健康ではわからない、病んでみなければ気づかせてもらえない、生かされている生命の姿というものを見つめさせていただきましょう、学ばせていただきましょう。そんな気持ちでしたから、二十日余りの入院生活は、大変楽しいものでございました。ようこそ病気させていただきましたと、そんな気持ちでございました。

「病いもまた善知識」てう言の葉を
しみじみと受く　いたつきの床

白隠禅師がこんなことをおっしゃっておられますね。
「三合五勺の病気に八石五斗の気の病」、その八石五斗の気の病が、「本来人間にいただいている自然治癒力を邪魔して治させぬ」と。私ども凡夫の病気の仕方はまことにこの通りで、あれこれと余分なことを考えて、食べられる食事も喉を通らなくなり、病気をいっそう悪くしているというのが一般でございます。まことにへたな貧しい病気の仕方でございます。

どうせ病まねばならないのなら、「病むことを得たり」と言えるような、この病気にかかったおかげでこんな人生への目が開けた、こんな人生の展開ができたというような病み方、病気の受けとめ方ができたら、病気をしながらも、病気を越え、病気が財産にさえなっているのではありませんか。

四国にいらっしゃる仏教詩人の坂村真民先生の詩に、

病が
また一つの世界を
開いてくれた
桃　咲く

というのがあります。この先生は死ぬほどの病気を何度も経験された方です。病気をされるたびに、今まで開かれていなかった心の世界が開いていったというのですね。この詩を作られたとき、桃の花咲く季節であったのかもしれませんが、私は、真民先生が病気をされるたびに、先生の心の花が大きく開いたのだと受けとめさせていただきたい。そのように受けとめ得たとき、病気が財産になる。人生のひとつひとつに対して、いつでもこういうような姿勢で受けとめさせていただく。これを生死を仏家の調度といただく姿勢であり、「生死即涅槃」というのはこういうことでありましょう。

最近感激した詩に、まどみちおさんの「ぞうきん」というのがあります。

ぞうきん

雨の日に帰ってくると
玄関でぞうきんが待っていてくれる
ぞうきんでございます
という　したしげな顔で
自分でなりたくてなったのでもないのに
ついこの間までは
シャツでございます　という顔で

私に着られていた
まるで私の
ひふでであるかのように　やさしく
自分でそうなりたかったのでもないのに

たぶん　もともとは
アメリカか　どこかで
風と太陽にほほえんでいたワタの花が

——後略——

この詩を読んで私はふと思いました。私がもしぞうきんの配役をもらったら、シャツのほうがよかったのに、という顔をしやしないだろうか。今はぞうきんに格下げされてみじめな顔をしているけれど、昔はきれいなシャツだった、という顔をするのではなかろうか、と。シャツの形をとどめたぞうきんなど、使いにくくてしようがない。シャツのときは、天地いっぱいシャツ、ぞうきんのときは、天地いっぱいぞうきんになり切って勤め上げる。

それが配役を勤める姿なのですね。気まぐれな私の思いをぬきにして、「遇二一行一修二一行一」――一行に遇うて一行を修す――と、一歩一歩道に従って生きる姿なのですね。それが、持ち物ではなくて持ち主、私の、即今の生きざまということにもなるのです。

最後に一言、「仏教は現代の要請に応え得るか」というテーマをいただいているようでございますので、そのテーマと、以上お話し申し上げたこととの関連づけを一応させていただきます。仏教とか宗教の果たす役割というものは、直接に時代を背負っている政治とか経済とか科学とか、そういうものを動かすのではなく、政治する人の心、科学する人の心をつくるところにあり、政治、科学、文化、すべての進むべき方向をあやまりないものに指示するのが、宗教の役割であろうと思うのです。

世をあげて持ち物を追うことに目がくらみ、あやまった方向に暴走を重ねている現代という時代。その歩みを止め、立ち返り、一人一人が主人公おのれのあるべき姿を問うことによって、政治や文化の流れを変えなければ、人類は、この地球上は、やがてとり返しのつかないことになるのではないかと思うのです。

もうひとつ言葉をかえて言うならば、政治も科学も芸術も、一本の木にたとえるならば、枝葉であり、それらを支える幹、さらに根っこの役割を果たしているのが宗教であろうと思います。枝葉ばかりに心をうばわれて奔走しているのが現代の世相のように思われてなりません。それらを支える根を養うことをこそ、一刻も早く問わねばならないと思うことです。

Ⅲ　いまここでのはたらき

一歩一歩を目的として

坐禅も人生も、一歩一歩を目的として、その今のここを姿勢を正して受けて立ってゆく、すべてこれだけだなと思います。

でも、これが、なかなかできないのですね。一歩が目的ということが。ともすると、一歩が手段になる。何かを得るための手段になりかねない。お勤めに出るのは、働くことが目的、金が目的じゃない。そういう姿勢ですね、一歩が目的というのは。坐禅も、坐禅そのことが目的。悟りが目的ではない。仏になることが目的ではない。まして、坐禅して健康になるため、ハラを作るためじゃない。

ところが、とかく、そうじゃありません。坐禅して、何かがほしい。美容にいいとか、健康にいいとか、ハラができるとか。ちっとましな人間になるために坐禅に来る人が、いっぱいいます。「少し坐禅させてやって下さい」と言って連れて来るのは、だいたいそれが目的です。でも、それは何もならない。結果的には何かになってますよ、確かに。しかし、何かになるために坐禅するのと、結果的に何かになったのとは違うんです。坐禅を手段にしない。坐禅そのことが目的。これが、一歩一歩が目的ということです。ここをまちがえないようにしないといけないんです。

この間も、あるお母さんが来られたんです。高校一年生になった子供さんが悪性腫瘍で足を切断しなきゃならなくなって、しかもそのあと何年生きられるかわからない、そういう宣告を受けたお母さんです。そういうことが出てきますと、人間って弱いもので、どこかへ見てもらいに行きたくなるんですね。何かが障ってないかって。

見てもらいに行ったら、「先祖供養が足らん」と言われた。それで私のところへ飛んで来られて、「ご先祖の供養をして下さい」って、顔色変えておっしゃった。その時、私は思わずそのお母さんに言ったんです。

「息子さんの不幸を先祖の責任にする、そんな迷ったことは考えなさるな。そういう考えは苦しみを二重にするだけだ。ご先祖様は守ってこそ下され、悪いことなんかなさるはずがない。それに、自分の願望を満たすための先祖供養、そういう先祖供養は本当の供養じゃない。先祖に祟ってもらいたくないための、ただ私がかわいくてする供養なんて、供養が手段になっている。祟ってもらいたくない、守ってほしい、そういう条件をいっぱいつけて、そのためにする供養なんて、先祖の供養じゃない。私の欲への供養ですよ。そこをすり違えちゃいけないんだ。供養は供養で純粋になさい。病気は受けて立ちなさい。修行として受けて立ちなさい。」

そう申し上げたわけです。このへんを、人間というのはまちがってしまうんですね。ご供養しても、私たちはおねだりの供養をしている。おねだりの供養である限り、私の欲の方が供養されているようなものです。

こういうふうに、うっかりすると、私どもがやっていることが全部手段になってしまうんです。時には、一生涯が手段になっていることがある。たとえば、お金がほしいことが主人公の座に坐りこんで、人生がお金を得るための手段に落ちてしまっている。悲しいことです。

名誉を得るため、金を得るため、そのための手段として毎日働きに行く。本当は、お勤めをなさる、そのことが目的で、お金はどうでもよろしいわけです。仕事をすることで生きがいを頂戴していれば、それでいいでしょう。お金もいただいたら二重の喜びと、こういうふうになればよろしい。ところが、お金だけが目的ですと、いかにしてなまくらをしてお金だけもらおうか、ということになりかねません。そういう姿勢にどうしてもなる。そうではなく、働く、そのこと自体が目的で、手段に落とさない。そこに、働くことに安らげる世界が出てくるんです。

仏様の方角

だいぶ前のことですが、東京から、私が東京で教えたお茶の生徒たちが大ぜいやってまいりました。私の自坊が信州塩尻でございまして、その生徒たちを上高地へ案内したんです。まず、梓《あずさ》川の河原で野点《のだて》をいたしました。それから、明神池まで皆で歩いたんです。一里ちょっとありますかしらね。

歩きながら、辺りを眺めますと、景色がきれいでございます。梓川の流れも美しい。木の間ごしに見える穂高の峰も美しい。峰に浮かぶ雲も美しい。さえずる鳥の声、高山植物の姿、何かもが楽しいから、一歩一歩楽しみながら歩いていると、ちっとも倦《あ》きないんですよ。

ところが、一緒に行った仲間たちが、明神池へ着くことだけに一生懸命になってましてね、そうすると、くたびれちゃうんですよ、遠くて。「あと何キロある？　あとどのくらいある？　くたびれちゃったな」って、そんなことばっかり言ってる。

先に行って帰って来た人に、「あとどのくらいありますか？　まだ遠いですか？」なんて言いながら歩いているんです。その姿を見ながら、アッと思いましたね。人生の旅の歩みというのは、こんなふうであっちゃならないなと。一歩一歩を楽しんでゆく、一歩一歩を目的としてゆく、そういう生き方をせねばならないのだなあ、そう気づかせてもらったんです。

たとえば、ちょっと前に、私どもの近くの高校、深志高校というんですが、そこの生徒さんたちが、登山をしていて、雷にあい、集団遭難をしたのがこの穂高、上高地なんですね。

そういうように、途中でどんなことがあって引き返さなきゃならないようになるかもしれない。途中で挫折しなきゃならないかもしれない。そうした時に、明神池だけを目的として歩いていたら、その歩いたことが全部無駄になってしまいますね。

明神池という方向づけの大前提はなきゃならない。どっちへ歩いて行っていいかわからないいんじゃ困るから。人生でも、仏様の方角という、その生きる方角だけははっきりしなきゃ困ります。どっちへ向いて歩いて行っていいかわからないいんじゃ困るから、大前提としての明神池という方角はなきゃならない。

しかし、そこに向かう姿勢としては、一歩一歩を終着駅として歩く。一歩一歩を目的として歩く。一歩一歩を楽しんで歩く。充分に楽しんで歩くっていう姿勢ですね。だから、鳥の声を聞いて歩く一歩を楽しむ。梓川の流れのきらめきを眺めて歩く一歩を楽しむ。足もとの高山植物のたたずまいを見て歩く一歩を楽しむ。何でもよろしい。

そのように、人生の一歩一歩、どの一歩も、仏の御手《おんて》のど真ん中の一歩であり、かけがえのない一歩として歩んでゆく。

言葉をかえて言えば、一歩一歩を明神池として生きる、ということですね。はるか向こうの明神池だけじゃない。一歩一歩を明神池として生きる。だから、いつ死んでもよろしいわけです。悔いがないいんです。これが、一歩一歩を目的として、ということです。

その一歩が、たとえば病気で寝たきりの一歩になったとしたら、その寝たきりを修行する、寝たきりを楽しむ。病気になったという一歩、その一歩をどう修行するかということが、本当に人生を楽しむということです。

私の尼僧堂の生徒で、一生懸命な生徒がたまたま病気をしました。皆と一緒に、朝四時から起きて坐禅ができない。寝ている日が多くなった。大変悲しい、と泣いて私のところへ訴えてきました。

私は思わず、言ったんです。

「どう病むかが修行でしょ。坐禅とか、特別のことだけが修行じゃないんだ。病気になったら病気を修行する。そのほかに修行はないのよ」

それから、全然ものの考え方の違った者同士がひとつの寮で暮らしていると、しょっ中、すったもんだがあるわけです。どこも同じです。それで、「修行道場にまで来て、こんな思いをするつもりはなかった」と、ぐずってくるのもおります。

そこで、私がまた言うわけです。

「それが修行でしょ。特別なことが修行じゃないんだよ。三時から起きてする坐禅の方がよっぽど楽な修行なので、ものさしの全然違った者同士、考え方の全然違った者同士、性格の全然違った者同士がひとつの部屋で朝から晩まで一緒にいること、それが修行なんだよ。それをさしおいて他に修行があると思ったら、とんでもない話だよ」

そういうことですね。台所のお当番に当たったら、一生懸命台所を勤める。それが修行。他のことを持ちこまない。今の一歩一歩が大事、皆、そういうことです。

『十二時法語』の説く生き方

大智禅師という方に、『十二時法語』という教えがございます。

この大智禅師という方は、九州の大慈寺というお寺においでになられました方で、寒巌《かんがん》義尹《ぎいん》禅師という方について長く修行されて、最後は、瑩山《けいざん》様のお弟子さんの明峰素哲という方に法を嗣いだ方ですが、大変すばらしい方なんです。

小さい時に、この寒巌義尹禅師のところへ入門されたときのエピソードがあります。小さい時の名前が、〝万十〟といったんです。寒巌義尹禅師が、饅頭とお茶を出しながら、

「名前は何という？」

「万十」

そうしたら、またこの寒巌禅師が、

「万十が饅頭を食べる時如何？」

って聞いたわけですね。そうすると、

「大蛇が小蛇を呑むがごとし」

と、答えた。たいしたもんですね。十二、三歳の時ですからね。寒巌禅師は、こりゃ見どころがあると思ったんでしょう。

「宜《よろ》しく小智と名づくべし」と言ったら、

「小智は道の妨げとなる。大智と名づけてくれ」

と……。そういう逸話のある禅師なんです。

このようにすばらしい禅師ですが、この方に、『大智偈頌』という、漢詩の形で禅の真

髄を説かれたものがたくさん残っておりますが、その他に、『十二時法語』というのがあるんです。今は二十四時間という時間の数え方をいたしますが、昔は、子、丑、寅、卯、辰、巳……と十二支で数えた。今の二時間が一時《とき》ですね。その十二時《とき》を、つまり、一日中をどう過ごすかという、『十二時法語』というのがあるんです。南朝の菊池一族に説かれたものです。

だいたいどういうことが書いてあるかと申しますと、まず、坐禅は筋肉と骨組みでただ狙うものだと、そういうことが書いてある。心に何事も思わず、ただ手を組み、足を組み、姿勢をまっすぐ伸ばして、呼吸を調え、想いを手放し、ただ狙う。そこに仏のことも悟りのことも持ちこんではならない。坐禅の時はただ坐禅をこの体で組んでゆく。そこに仏様のことや悟りのことを持ちこんだら、すでに妄想なんだ。坐禅の時は坐禅だけだ。こう書いてあるんです。

よく、坐っていると、いろんなことが頭に浮かんで困りますとおっしゃるんですが、ここで気をつけておきたいことは、見るというのと見えるというのと、聞くというのと聞こえるというのと、思うというのと考えが浮かぶというのとは違うんだということです。

こうして皆さんが私の話を聞いていてくださっても、鳥の声も聞こえる、車の音も聞こえる、皆聞こえてきます。これは、聞こうとするのと聞こえるというのは違うんだ、ということです。坐禅していたって、みんな聞こえてきます。聞こえる、そこまでは、妄想じゃないんです。昨日のこと、おとといのこと、誰かのこと、来年のこと、頭に浮かんできます。浮かぶ、それまでは妄想じゃなくて、生きている証拠です。その上に、プラス何かをつけ加えないというのが、無念無想。

車の音が聞こえてくる。車の好きな方ですと、音を聞いただけで、あれは何ってわかるんでしょうね。で、あれは何の車だなと思う。そして、誰が乗っているんだろう、あんなに急いでどこへ行くんだろうと、次々にプラスアルファの考えをしてゆく。そのプラスアルファの段階から妄想になるんです。

台所からおいしそうなにおいがしてくる。坐っててもにおってきます。におってきたら、アッ、何のにおいだなってわかるわけです。そうすると、次は、そろそろ話やめてくれないかな、お腹がすいてきたな、というふうに考え出す。その時点から妄想になるわけです。生きている証拠で、見える、聞こえる、考えが浮かんでくる。ここでやめる。この先を育てない。これが坐禅中の大事な心のはこびです。

またついでに、坐禅の話になってしまいますが、三昧というのは〝サマーディ〟というインドの言葉ですけれども、とかく私どもの世界で、読書三昧とかなんとか三昧という言葉がよく耳に入ってきます。それはだいたい、何かに夢中になっていることを言います。そのことに夢中になっていて、他のことが何にも見えない、聞こえない。だれかが呼んでも知らないでいる。思わず時間が過ぎちゃった。それは夢中って言うんですね。

しかし、夢中と三昧は全然違うんです。とかく、三昧を夢中と一緒にして使っていますが、そうじゃない。夢中というのはそのことにとらわれています。夢中というのはひとつのことにとらわれて、それ以外のものが見えない状態なんです。三昧は何ものにもとらわれない。全部が見えて、全部が聞こえて、はりつめているけれど、何ものにもとらわれていない。これが三昧の姿です。このへんのところを気をつけておきたいと思うんですね。

それでまた、『十二時法語』に戻りますが、心に何事も想うことなくとは言うけれども、考えが浮かんでくる。見える、聞こえる。これはそれでそのままでよろしいんだということです。しかし、そのままで何かひとつのものにとらわれない、つかまない、つかんだと気づいたら手放してゆく。無限に手放してゆく。そして、今ここに姿勢を正して坐る。そこに、常に戻る。これが坐禅の時の心得です。

それから、この凡夫の私のかけひきのための坐禅ではなくて、私というものを、大智禅師の言葉を借りていえば、私というものを坐禅の中に投げこむ。これが、坐禅の大事な姿です。坐禅を凡夫の私のために利用するんじゃない。悟りがほしかったり、健康美がほしかったり、ハラを作りたかったりというのは、私のために坐禅を利用しようとする姿です。

そうじゃなくて、私を坐禅の中に投げこんでいく。私を全部、無条件に坐禅の中に投げこんでゆく。これが坐禅の大事な姿です。坐禅の中に私を無限に手放して投げこんでゆく。坐禅というのは、言いかえれば、仏の御命ですよ。その天地いっぱいの仏の御命の中に私を投げこんでいく。これが坐禅の大事な姿です。健康禅だ、ヨガ禅だと、私のために何とか坐禅を利用しようというのとは違うんです。結果的に健康はいただけるかもしれない。しかし、最初に申しましたように、結果的にいただくのと、そのためにやるのとは違うんですね。引き換え条件なし、無条件に私を投げ入れていく。これが、坐禅の大切な姿勢です。

だから、『十二時法語』は、坐禅の時は、ただ坐禅。中に何も入れるな、仏も悟りも入れるな、というわけです。そして、お粥《かゆ》の時節、粥《しゅく》の時節ですね、私ども禅門では、朝はお粥《かゆ》で、粥《しゅく》といったら朝飯に決まっているんですが、朝飯の時節になったら、ただひたすらにお粥をいただけ、そして、お粥の中に坐禅も仏も持ちこむな、ただ一筋に粥をいただくことの他は何も持ちこむな、というわけです。ところが、私どもはなかなかそうはいきませんね。食事をする時も、食事も坐禅だって頭に言い聞かせてみたり、まだそれならよろしいけれど、ご飯をいただくことが、とかく片づけ仕事になって、早く食べて何かしましょ、という姿勢になりかねません。ご飯は片づけ仕事、ゆっくり食べていると働きがないみたいに思われる。

だいたい私たちは、何が大事かというと、お金になることが大事なんですね。ご飯を食べることはお金にならないから早く片づけろというわけで、とかくそんな片づけ仕事にしてしまいがちですが、お食事をいただく時は、食事の他に、仏のことも坐禅のことも何も持ちこまず、ただ一筋にお食事をいただくことに全力を打ちこまなければいけない。私ども禅門では、これを「行粥《ぎようしゆく》」ないし「行鉢《ぎようはつ》」と言って、鉢を行ずる、お粥を行ずると言います。あるいは、お茶をいただく時も「行茶《ぎようちや》」で、茶を行ずる。片づけ仕事じゃありません。坐禅と同じです。

こういう姿勢が、茶道というものを割り出したわけなんでしょうね。お茶を飲むこと自体がひとつの道になるとは、そういうことだろうと思います。また、お経になったら、一筋にお経の本を持って、ただ一生懸命読む。お経を読む時は、お経を読むことの他に何も持ちこんではならない。仏のことも、お粥のことも、何も持ちこむな。そういうふうにして十二時を生きてゆく。

けれども、たまに暇な時節というのがあるんですよ。暇な時節は、じゃ、遊んでいいのかな、暇な時節というのは用心がないのかなというと、そうじゃないんです。暇の用心がある。暇な時というのも、私のかえがえのない命を生きる一歩の歩みであることに変わりはないから、暇の時も暇の用心がある。というように、ひとつも、ここはいいかげんでよい、息を抜いてよいというところはないわけです。たとえば、部屋を出たり入ったりするのも、廊下を歩くのも、仲間とお話するのも、お茶を飲むのも、ぜんぶ法にかなった仕方でしなさい。仏様の法にかなった仕方で、部屋の出入りをし、道の歩き方をし、おしゃべりをしなさい、というんです。

ここのところで、〝法にかなった〟というのが出てまいりましたが、これは簡単に言えば、とにかく、ひとつひとつを、気まぐれな私の思いを先とせず、気まぐれな私の思いは無限に手放して、天地の道理にかなったあり方で、勤めなさい。そのことを目的としてやりなさい、手段に落としてはならぬ、ということですね。

こういう『十二時法語』というものを、大智禅師が書いていらっしゃるわけです。

梅、早春を開く

今の一歩を目的として、そこで、姿勢を正してゆく。これが、坐禅。さて、そこで、坐禅をいたします。手を組み、足を組み、姿勢をまっすぐ正し、首と腰をまっすぐ立てて、前向きで坐ります。その時、「明日、あさって、来年どうしよう」と考えるのは、前のめりに生きている姿勢です。

私たちは過去に良いことがあって、今がつまらないと、今はこんな生活をしているけど、昔はどうだった、なんて、昔を持ちこんできて今を飾ろうとする。反対に過去がつまらないと、つまらない過去を背負いこみ、重荷になって、今が立ち上がれない。

私のところに、以前、男女の愛憎を背負いこんでにっちもさっちもいかなくなった方が相談に来られたことがあります。そういう人生を生きてきたことが重荷になって、今が立ち上がれないんです。それで、私はこう言ったんですよ。

「過去はどうでもよろしいじゃないか。今どう生きるかで過去が活きるんだ。こういう生き方をしたがゆえに、その苦しみによって目覚めて、苦しみに導かれて、今、立ち上がることができたら、過去が光るじゃないか。今の生き方次第で、どんなにつまらないと思われる過去も光る。逆に、どんなすばらしい人生を生きてきても、今が駄目なら、駄目なんだ。そしてまた、今、どう生きるかで、明日が展開するんだ」

これを道元禅師のお言葉を借りると、「梅、早春を開く」というんです。「早春に」じゃない。「早春を」、これが大事です。

これは道元禅師の『正法眼蔵・梅花』の巻の中で、お師匠様の如浄禅師がおっしゃっておられる言葉です。本来の意味は、「早春」は仏性で、梅は仏性の展開した諸法を意味するものなのです。ちょうどひとつの春を梅という形で奏でるように。しかし、これは少しむずかしいお話になりますので、ここでは別の角度から、身近なお話として申し上げましょう。

梅というのは、私たち一人一人です。一人一人の今ここの生きざまが、明日をどう展開してゆくかの根本です。だから、今ここが、過去の総決算として、それをすばらしい過去にもすれば、駄目な過去にもする。同時に、今、ここの生き方が、明日をどう展開するかの根本。ですから、とても開きそうもない堅く閉じられたつぼみも、今日の私の生き方で、大きく開くこともできる。また、どんなに立派にレールが敷かれていても、今日の生き方で、そのレールもなくなってしまう。開かれた扉も閉じられてしまう。

梅というのは、私です。早春というのは、私の明日の人生です。私の今日の生きざまひとつにかかっていて、明日が展開もすれば、駄目にもなる。人は開いてはくれない。閉じてもくれない。私の人生、私が生きていくよりしようがない。私の足で、私が額に汗して生きていくよりしようがない。

ところが、とかく、その大事な今を忘れて、前のめりになる。明日、あさってに空想をはせてしまう。

こしかけ

私どもはとかく幸せというものを、今、ここをおいて、いつか、どこかへと探しに出かけたくなるものです。こういう姿勢をやめるということですね。

ドイツの小学校の昔の読本に、「こしかけ」というお話が載っていたんだそうです。ある若い紳士がレストランに入った。若い給仕がナイフやフォークを並べてくれた。どこかで見たことのある顔だが、と思ってよくよく見ると、小学校の同級生だった。

「やあ、君、ここで働いているのか？」と聞くと、

「うん、俺、そのうちにある会社の重役になることになっているけれども、重役になってしまったらどん底生活の経験ができないから、今のうちにと思って、しばらくのこしかけ

に給仕をしてるんだ」と言う。

「それはなかなか感心なことだ。まあ、がんばってやりたまえ」

と言って別れたというんですね。

それから数年経ったある日、今度はその友達が自転車に乗って、出前持ちをしているのに出会った。

「君、今度は出前持ちか？」と聞くと。

「うん、俺、そのうちある会社の重役になることになっているけれど、重役になってしまったらどん底生活の苦労を経験することができないから、今のうちと思って出前持ちをしているんだ」と言う。

「それは感心なことだ。まあ、がんばってやりたまえ」

と言って別れたというんですね。

それからずっと年月が経ち、この紳士も老紳士となり、ひげをピンとはやし、ステッキをついて、ある日公園をよぎろうとした。公園の木蔭に、ぼろぼろの着物をまとい、ひげはのび放題の乞食がうずくまってこちらを見ている。どこかで見たことのあるような顔だが、はてなはてなと考えてみたら、その昔こしかけで給仕をし、こしかけで出前持ちをしていた友のなれの果ての姿であったという。ぼろぼろの支度で木蔭にうずくまりながら、「こ、れ、も、し、ば、ら、く、の、こ、し、か、け、で」と言いたそうな顔をしてこちらを見ていた、という話です。

「あすなろ物語」じゃないけれど、「こしかけ」では駄目なんですね。いつでも今、ここを本番として立ち向かわねばならないのですね。置かれた場所、与えられたことがたとえどのようなことであろうと、いかなる状態のなかであろうと、「此の処、是れ道場」と、逃げずに両手を広げて受けとめる。腰をすえ、姿勢を正して立ち向かう。目を外に向け、うろうろと探しに出かけない、ということが大事なんですね。たとえそのことが悲しいこと、つらいこと、苦しいことであろうと、姿勢をくずさずにまっすぐに受けとめ、ようこそといただいていく、これが大事ですね。

「人生はな、いろいろあるからいいんじゃ」

先だって、私どもの尼僧堂のお師家様でもあり、大雄山最乗寺の堂頭様でもいらっしゃる余語翠巌《よごすいがん》老師、この方と、九州へ師家会に参った時に、たまたま飛行機がご一緒だったんです。長崎空港に降りますと、そこに私の信州の方の参禅会員でYさんという人が、私を待っていたんです。

このYさんは、縁あって、倒れそうになっている会社を起こすために長崎へ赴任してきたんです。それで、彼は、いっぱい悩みがあるわけです。それこそ九州男児といわれる人たちのところへよそ者が入っていって、つぶれかかった会社を立て直さなきゃならない。あらゆる苦労を前後ろにしょいこんで動きがとれない。しかも、悩みを聞いてもらえる人もいない。そこに、私がたまたま長崎に来るというので、心飛びたつ思いで、空港に迎えに来てくれました。

彼は、会場まで車で一時間の間、せめて運転しながら私に話を聞いてもらおうと思ったんです。私は助手席に乗りまして、そして、たまたま余語老師がご一緒ですから、「老師様、よろしかったらどうぞ」と言って、後ろの席に乗っていただいたんです。老師様が乗られると、ちょっと喋りにくいんですよねえ、悩みは。しかし、この時間をはずしたら、話す機会を失う。そこで、Yさんは老師様にお断わりして運転しながら、助手席の私に一生懸命、会社のこと、家庭のことの悩みを、話してくれたわけです。

それから一時間ほどで会場に着きまして、車から降りましたら、余語老師様はYさんに一言、

「Y君、ご苦労さんでしたな」

と、お礼をおっしゃって、

「人生はな、いろいろあるからいいんじゃ。何もなくてみい、退屈でかなわんぞ」

そうおっしゃったんです。

「みんな何もなかれと願うけれども、本当に何もなくてみい、退屈でかなわんぞ。いろいろあるからいいんじゃ」

そうおっしゃってね、スタスタと会場に入られた。

私もその言葉を横で聞きながら、「ああ、老師様はいいことおっしゃった」と思ったんです。そのYさんも、前後ろに悩みを抱きこみ、しょいこんで動きがとれなくなっているその荷物が、すとんと落ちたような笑顔になって、うれしそうに頷いていました。

私どもの毎日は、どうにもならないお荷物を、抱きこみ背負いこんで、退屈どころかキリキリ舞いしておりますよ、みんなねえ。しかし、「いろいろあるからいいんじゃ」と、こう頂戴できたらいいですね。病気で寝たきりになっても、いろいろあるからいいんじゃ。失敗しても、いろいろあるからいいんじゃ。こう頂戴できたら、人生すべてが飾りになります。これが一歩一歩を楽しむという姿勢ですね。一歩一歩に全力を投球するんだけれども、同じ投球なら、歯を食いしばって投球するより、ニコニコと楽しんで投球した方がよろしい。これが一歩一歩を楽しむという姿勢になるわけでしょうね。

「夫婦喧嘩の種のあるうちが花」という言葉を耳にしたことがあります。夫婦喧嘩の最中にあっても、もうひとつの角度から醒めた眼でこういうふうに見ていることができたら、夫婦喧嘩そのものも、楽しみつつ遊びとしてやれる世界が開けてくるわけです。こういう生きざまを道元禅師は「四運――人生の春夏秋冬――を一景に競う」とおっしゃっておられますが、幸、不幸、損得、愛憎をひとつの同じ景色とみて楽しんでゆく。こういう姿になれば、どういう状態であろうと結構ということになるわけですけれども、なかなか私どもそうはまいらなくて、ひとつひとつに振りまわされ、大騒ぎをしているわけでございます。少し高い所に立って見る、仏様の側から眺めて見るということですね。

ヘルマン・ヘッセが「旅の秘術」という詩の中で、「旅の秘術は、その途上を楽しむことだ」と言っていますが、人生の旅路も、目的地に到着することだけ、目的というものを手に入れることだけをあせらず、そこへの途中の一歩一歩を楽しみ味わってゆくことが大切なんですね。旅となれば変化があったほうがよろしい。人生の旅も変化があったほうが退屈しなくてよろしい、といただくのです。

かたつむり　どこで死んでも　我が家かな

という句がありますが、どんなことであろうと、ひとつひとつを大事に頂戴し、楽しみ、味わわせていただいてゆく姿勢、これが大事なことだと思うんですね。

こういう言葉があります。

鳥啼いて　山さらに幽なり

鳥の声というのは、山の静けさを破っているように思えます。しかし、本当はそうじゃなくて、啼いた鳥の声の止んだあと、静けさがいっそう深まって感じられますでしょう。つまり、鳥の声によって静けさがいっそうきわだって感じられることになる。

鳥啼いて、山さらに幽なり、静かなり。鳥の啼き声が山の静けさをいっそう飾り、深めこそすれ、邪魔にはならない。ちょうどそのように、私どもの人生のさまざまな出来事が、いっそう、人生を味わい深いものにしてくれる。そういう形で頂戴できる。これが、「人生、いろいろあるからいいんじゃ」という受けとめ方です。

こういう受けとめ方が、道元禅師のおっしゃる、「生死《しょうじ》は仏家の調度なり。この生死は、すなわち仏の御命なり」ということだと思います。腹を立てたり、愚痴をこぼしたり、いがみ合ったり、傷つけ合ったり、七転八倒の凡夫の人生、これを〝生死〟という言葉で、道元禅師は説かれています。

「生を明らめ死を明らむるは仏家の一大事の因縁なり。生死の中に仏あれば生死なし。但《ただ》生死即ち涅槃《ねはん》と心得て、生死として厭ふべきもなく、涅槃として欣《ねが》ふべきもなし」

この「生死即涅槃」という話が、『修証義』巻頭に出てまいります。「生死」というのは、生きる死ぬ、ということだけじゃないんです。七転八倒の、愛したり、憎んだり、ぐずったり、傷つけ合ったり、失敗したり、病んだり、さまざまなことのある人生を「生死」というんです。凡夫の人生のそのまんまを「生死」という言葉で表現しているわけです。

こんな凡夫の人生は、つまらんものだ、きたないものだ、やりきれないものだ、この人生の外にこそ浄土があるんだ、涅槃があるんだ、そう思ったらまちがいだよ、と、道元禅師はおっしゃるんです。生死の外に仏を求め、この生死を厭うべきものと思って、生死の外に涅槃という幸せを求めてはいけない。「生死として厭ふべきもなく、涅槃として欣ふべきもなし」なんです。

私たちはたいてい、死ぬとか、損するとか、病気とか、人生の凡夫のさまざまなる泥んこの世界、これは勘弁してもらいたい、いいところだけほしいんだ、極楽だけ、幸せだけほしいんだというわけです。

しかし、この凡夫の悲しみ、苦しみ、傷つけあう世界、これを厭って、この他に幸せな世界を探そうと思ったら、それは、車の向きを北の方に向けて、南の方にある国に行こうとするようなものだ。あるいは顔を南に向けて北斗七星を見ようとするようなもので、見当違いもはなはだしい。七転八倒のさまざまなことがある。これが、仏様の家の調度品。これがかけがえのない人生の道具だてなんです。このひとつひとつを大事につとめてゆくよりほかに、仏の家のつとめはないんだ、他に探しに出かけてはならんのだよと、こういうことが『修証義』の巻頭に出てくるわけです。『修証義』とここでは申しましたが、そのもとは『正法眼蔵』九十五巻の中から抜粋編集したもので、ここのところは『正法眼蔵・生死』の巻の中の一節です。

「もし人、生死のほかに仏をもとむれば、ながえを北にして越にむかひ、おもてを南にして北斗を見んとするがごとし」と。

他に探しに行きなさんな。一歩一歩の他に探すところはないんだ。この一歩一歩というのは、さっき申しました、『十二時法語』の姿勢ですね。人生のすべての歩みを大事に生きさせていただく。今ここの一歩の他に、探しに行く何ものもない。ひとつひとつを大事につとめさせていただくという、それよりほかにないわけですね。

助け合う世界と助けなしの世界

ところが、私どもは前のめりになってみたり、後ろへのけぞってみたり、逃げ出そうとしてみたり、あるいは横をキョロキョロと見たりします。坐禅の時はキョロキョロしなくても、実際の人生になると、すぐキョロキョロする。誰か助けてくれないかなあと。しかし、人生、助けなしですね。助けられるといえば全部に助けていただきながら、しかし、助けなしの裏打ちがピシッと入っていなければならない。

私は八十七になる年寄りを寺に残しての飛んで歩きで、ほとんど留守にしております。どこにいても、師匠のその日の無事を祈りながら西へ東へと歩きまわっている状態でございます。師匠は、足も腰も痛くなって、自分のことだけがどうやらできるという状態ですので、私がたまに帰りまして、留守中の山積した仕事や手紙の整理のために深夜まで起きておりますと、「何にも手伝えんですまんなあ」と言いながら、何か少しでも手伝えることはないかと、心をくだいてくださる。

私、つくづく思うんです。この寺に、師匠が元気でいてくださる。そのことのおかげで、私はこういうところへお話にも来れる。尼僧堂もなんとかつとめていかれる。そういうことなんです。年寄りは年寄り、隠居は隠居の持ち場を、コタツを守っているという、そのことで、十分配役をつとめあげてくださっているのです。そのことのおかげでほかの若い者たちのいろんな活動を可能にしてくれることになっているのです。そういう配役があり、つとめがあるということですね。こういう姿が、一即一切。これが、仏法でいう「縁起《えんぎ》」の世界です。縁起というのは、縁起が良いとか悪いとかいう、簡単な話ではありません。無限の助け合いの世界、これを専門の言葉で、「回互《えご》」と言います。と同時に、絶対にほかとは代われぬという裏打ちがされている。この一面を、「不回互《ふえご》」と言う。ひとつのことの裏表です。

自分の人生は自分で越えていかなきゃならない。誰も代わってくれないんだ。この厳しさ。これが、「不回互」ということです。「他はこれ吾にあらず」と、道元禅師がおっしゃった。まことに厳しい裏打ちでございます。

雑賀正晃《さいがしょうこう》先生という、浄土真宗のお念仏の方がございます。この先生は小児麻痺で脚が不自由なんです。小学校の頃、学校の帰りに、片脚をひきずりながら学校から帰って来られた。友達が、雑賀少年を追い越しざまに、雑賀少年の帽子をとって逃げた。意地悪をしたわけです。その帽子を取り返そうとして走ろうとすると、いっそう足を引きずるようになる。友達が、皆で真似をしてからかう。くやしくって、雑賀少年は泣きながら家《うち》へ帰ろうとした。その時、お父さんがたまたま自転車で通りかかった。お寺の息子さんですから、お父さんはお坊さんです。

そのお父さんに、雑賀少年は、「皆が僕のことをいじめるんだ」と言いつけた。すると、「そうか。今度学校へ行ったら、先生に頼んでやるからな」と、そういうお父さんの返事が返ってくると思っていたら、お父さんは何と言ったか。

「いじめられてくやしかったら、足をひきずらんようにせい」

きついお父さんでございます。で、この雑賀少年、

「ひきずりとうて、ひきずってるんじゃないわい」

と、くってかかろうとした。そうしたら、お父さんは、

「ちょっとこっちへ来い」

と言って、松林へ入って行って、少年を坐らせて言った。雑賀少年は右脚が悪かったんだそうですが、

「悪い方の脚を使うと痛くて、ついそちらの脚をかばって、丈夫な脚ばかり使うから、丈夫な脚はますます大きく育つ。使わない方の脚は、大事にして使わないから、いつまでたっても育たない。つらかろう、痛かろう。しかし、お前はお父さんの子じゃないか。お前

ならできる。その痛い右脚で片脚跳びをしろ。その痛い右脚を使え」と、お父さんが言った。そのお父さんの目は涙でいっぱいだったそうです。

少年は、お父さんの涙を見て、お父さんはきついこと言うと思ったけれど、本当は自分のことを想って言ってくれてるんだ、と気がついて、その日から一生懸命、痛い右脚で片脚跳びを続けたというんですね。今日よりは明日、明日よりはあさって、と回数を増やして、八十を過ぎた今日でも、並べてみると、右脚が少し短いんだそうですが、ほとんどわからないように歩けるようになったばかりじゃなくて、小児麻痺という病気を、堂々と受けとめ生きてゆく生きざまをお父さんから教えてもらいました、というお話を雑賀先生がされるのを聞いたことがございました。

親子でも兄弟でも、命の姿というものは、代わってやることができない。これが「不回互」です。命の生きざまというもの。そこを厳しくいただかなきゃならない。

坐禅というのは、皆で坐ります。皆が坐っているから、自分も坐れる。それは確かです。修行道場なんかでも、毎月始め、接心というのがあります。一日十五時間、ぶっ通しの坐禅をいたします。十五時間坐禅ぶっ通しというのは、一人ではちょっと坐れないんですね。まわり中が坐っているから、坐れるんです。そういう意味ではみんなの助けです。「回互」

です。しかし、代わっては坐ってもらえません。代わったら、その人の坐禅になってしまって、私の坐禅にはならない。何としても、私が坐らなきゃならない。「不回互」です。自分の人生、自分の歩み、自分の修行は、私が汗して、私が痛い思いをして越えて行かなければならない。これが命の一面の姿。無限の相助け合う世界の裏には、絶対に助け合うことができぬという厳しい裏打ちがあるのです。

経験に無駄はない

あるとき、私はねんざをしてしまったのですが、その後、治療を続けさせていただいて、ほとんど支障なく坐れるようになったんです。でも、今年の四月、五月は、まだそれでも長時間の坐禅はちょっとつらかったんです。脚が伸びない。なんとか伸ばしますと、今度は戻らない。一時間、二時間の坐禅はどうってことありませんが、十五時間通して幾日もやると、なんともやっぱり、ねんざした脚がやりきれなくなってまいります。

そこへ、今年の四月、脚を交通事故で傷めた雲水が入って来た。その雲水も脚が痛いんですよ、やっぱり。その雲水が坐禅するのを見ていて、これは、続かないのじゃないかなあと思うほど、大変だったんです。

四十五分坐りますと、五分、経行《きんひん》という時間がある。歩く坐禅です。私は脚が痛いものですから、すぐには伸びなくて、一生懸命、こう脚をもんで伸ばす稽古をするんです。揉みながらその雲水のことが気になるわけです。で、こう、チラッとそっちへ目がいくわけですね。その雲水も、私が脚が痛いのを知っていますから、自分の脚をなでながら、チラッとこっちを見るんですね。坐禅堂で笑ってはいけませんけれど、二人でニヤッとこう笑うわけです。目で合図するわけです。要するに「がんばれ」って、合図を送るわけです。

お手洗いなんかで、ヒョッとすれ違いますとね、

「私も痛いけどがんばってる。あんたもがんばりい」

と、肩たたくわけです。十六で来た若い子でしたが、ニコッとしてね、結局、一炷《ちゆう》も休まずがんばりました。私、その時思いました。ああ、私がねんざをしていたから、この子は越えられたのかなあ。私が痛くなくて坐っていたら、あの子は挫折したかもしれない。

私が、幸か不幸か、両脚のねんざをして、痛いのをだましだましがんばってきたから、この子もがんばれたのかもしれないなあと思った時、ああ、このねんざ、これは仏様からの授かりだったなあといただかせてもらうことができました。何でも経験に無駄はないなあと、その時また、思ったことです。そういうひとつひとつの今のこの一歩を頂戴して生

きるという姿、これが、今の一歩を姿勢を正して受ける、ということだと思います。

天地の道理にかなった生き方とは?

今のこの一歩を姿勢を正して受けて立つというのを、言葉をかえて言いましたら、一歩一歩を法にかなった生き方で生きるということでしょう。これを達磨《だるま》大師の言葉を借りていうなら、「称法行《しょうぼうぎょう》」です。その法とは、天地の法です。天地の道理です。

天地の道理にかなった生き方をしなければいけない。ということは、要するに、今の一歩を私の思いを先として生きない、ということです。

いかに私の思いというものがいいかげんかということを、考えてみたいと思うんです。私の好きな詩で、次のような小学校四年生の子供の詩があるんです。

運動場

「せまいな、せまいな」といって、みんな遊んでいる。
朝会のとき、石をひろわされると、

「広いな、広いな」と、ひろっている。

遊んでいる時は、運動場が狭くてしようがなく感じたのに、石を拾わされたら、広くてしようがないというわけです。

運動場が伸びたり縮んだりするはずはありませんのですが、凡夫の身勝手な思いが、広く感じたり、狭く感じたりする。これが、凡夫のものさしというものです。気まぐれな、私の思い。その気まぐれな、伸縮自在の私の思いを先として、今の一歩を測ったら、あるいは、かけがえのない私の人生の生きざまのものさしにしたら、悔いがあるだけでございましょう。もちろん、凡夫ですから、そういう広く感じたり、狭く感じたりするってことはあるわけです。好きだったり、嫌いだったりもあるわけです。しかし、その思いを先として生きない、ということですね。

その時のご都合次第で、私たちの思いは伸縮自在になる。あるいは、その時のお腹のぐあい次第で何とでもなる。三、四日、何も食べさせてもらわなかったら、みな機嫌の悪い顔をすると思うんですよ。何か食べるものはなかろうか、という顔ばかりしてるんじゃないでしょうか。そんな時に、好きな物をお腹一杯食べさせていただいたら、たいてい、みな機嫌がよくなると思うんです。そういうのを、私どもの世界で、「粥飯の熱気」と言います。お腹のぐあい次第というわけです。お腹のぐあい次第で機嫌がよくなったり、機嫌が悪くなったり、ひとつのことをする判断もお腹のぐあい次第でコロコロ変わる。あるいは、その時のご都合次第でコロコロ変わる。それが私どもの姿なんだということを知らねばならないと思うのです。

大空を行ずる

実は、先日NHKの「こころの時代」で、内山興正老師と、「死んでも死なず、老いても老いず」という対談をいたしました。

そこで、老師が坐禅のことを話された中で、ティーポットの話をされたんです。ティーポットに、ティーバックを入れ蓋をする。そういう実験をスタジオでしたんです。すると、ムラムラと出てくるわけですね、紅茶が。

このティーポットが、さっきの運動場です。つまり、出入りなし、伸縮なしの運動場。これは『般若心経』でいう「不増不減不垢不浄」という世界です。増さず、減らず、生死なしの世界。

このティーポットの中で、紅茶がムラムラムラムラムラという動きがある。このムラムラが、私の頭の中の思いです。七転八倒している人間の頭の中の姿。この七転八倒を包んで、ティーポット自体、つまり、生死のない世界の方は変わりないんです。ところが、私たちは、自分の頭の中に振り回されているんです。

「長空、白雲の飛ぶを礙《さえ》ぎらず」という言葉があります。大空に雲が飛んでいる。さまざまなる形の雲が。怒濤のように荒れ狂う雲もある。きれいなほれぼれとするような雲もある。そのさまざまなる雲を自由に遊ばせながら、大空の方は何ともない姿。このさまざまなる雲、これが、このティーポットのムラムラです。人間のさまざまな迷いの姿です。それを包んで何ともない大空の方、これを行ずるのが坐禅です。

生きざまを、大空の方に置く。ご都合次第、腹ぐあい次第でコロコロ変わる私の思いの方を先とせず、この大空の方を先として生きる。これが、法にかなった生き方を、今ここの一歩でする、ということでしょう。

無限の光に照らされて生きる

しかも、そこで、もうひとつだけ申し上げさせていただきたいことは、私の今ここの一歩が法にかなっていると自分で思ったら、まちがいなんだ、ということなんです。自分は法にかなって正しいと思ったら、そうすると、そのことの裏返しは、あなたがまちがっているということになる。法にかなったものどうしが、法の名のもとに争いを展開しかねないのも、ここに問題がありましょう。私は法にかなった生き方をしてるんだと思った時、おごりでございます。そう思ったら、そこは終着駅です。傲慢なおごりの心しかない。この法のいただき方というのは、私はまちがっていたな、私の考えはひんまがっていたな、浅かったな、一部分を知ったにすぎなかったな、少しもわかっていなかったな、実行できていなかったな、という形でこそいただくべきものだと思うのです。

昨日、私の甥が結婚式をいたしました。実家の甥です。テーブル・スピーチをというので、一言申しました。相田みつをさんという詩人の次の詩を借りて、お話いたしました。

セトモノとセトモノと
ぶつかりッこするとすぐこわれちゃう
どっちかやわらかければだいじょうぶ
やわらかいこころをもちましょう

という詩です。夫婦生活の中で、あるいは社会生活の中で、お互いに我を突き出し合うと、傷つけ合うだけです。だから、お互い柔らかい心を持たなければいけない。しかし、そこで気をつけねばならないことは、私が柔らかい心だと思った時は、実は、固い瀬戸物の心になっている証拠なんだということです。ああ、私は瀬戸物だったな、と気づかせてもらう心が柔らかい心だということです。「私は座布団よ、私は柔らかい」と思ったら、「瀬戸物はあなたの方だ」っていうことになる。相手を非難する姿になる。そうじゃないのですね。「私が瀬戸物だった」と気づかせてもらう、これが大事。

しかし、その「私は瀬戸物だった」と気づかせていただくためには、大きな光に照らしてもらわなきゃ、気づかせてもらえません。凡夫の私の目では、凡夫の私の姿は見れないのです。仏の光、真《まこと》の光、大きな教えの光に照らしてもらわないと、瀬戸物である私は見せてもらえません。我の突っぱっている私は見せてもらえない。どうにもならない私に気づかせてもらえるためには、無限の大きな光に照らされなきゃ見えないのだという、ここのところが気をつけなきゃならないところですね。

教えを聞くほどに、教えに照らされるおかげで、どうにもならない私が見える。聞かなかったら、これでもまんざらじゃない、というおごりしかない私が、聞くほどに、どうにもならない自分に気づかせてもらえる。気づかせてもらえるほどに、一生懸命求めようという心が起きる。求める心が起きるほどに、それまで見えなかった私のどうしようもない姿を見せてもらえる。卒業なし、無限の修行。これが、道元禅師のおっしゃる「道無窮」、〝道きわまりなし〟という生きざまなのでしょう。

今年の歌の勅題は、「旅」でございました。その勅題によせてこんな歌を詠じました。

終りなき旅にしあれば今ここの
　一息の歩みいとしみ行かん

「終りなき旅にしあれば」というのは、今申しました、卒業なし、終着駅なしの無限の修行。聞くほどに、照らされるほどに、しようがない私が見える。見えるほどに、さらに求める終わりなき旅でございます。終着駅なし、卒業なしの無限の旅でございます。終わりなき旅にしあれば。

しかし、永遠とか無限というと、前のめりになる。前のめりになっちゃいけません。その裏づけは、今ここの一息。無限に今ここの一息を「いとしむ」というのは、さっき言ったように、私のわが想いを満足させることじゃなくて、教えに随って、道に随って、今ここの一歩をと、歩ませていただくのが、本当の「いとしむ」生き方なんです。無限に一歩を目的とし、一歩を大事に、法に随って生きさせていただく。これよりほかにないんだろうと思います。

Ⅳ　真理はひとつ

宗教心とは至高なるものに向かわんとする心

先日、ある講演会で「宗教心とは何か?」という質問を受け、こうお答えをしました。

「すべての草木が太陽に向かって伸びようとするように、すべての人は、より至高なるものに向かって生きようとする願いを持っている。その願いは、生きんとする生命力と同じように、本人が自覚するとしないとにかかわらず、本来持っているものであり、それを宗教心と呼ぶのではないかと思う」

今から二十年ほど前（一九六七年、昭和四十二年）に、三十三歳で死刑になった人に、島秋人という人がいます。島秋人というのは短歌のほうのペンネームです。貧しさと飢えに耐えかねて、ある農家に押し入り、さからわれて思わず主婦を締め殺してしまい、捕われて死刑の宣告を受けた人です。

独房に一人座り、ようやく心がしずまることによって、三十三年の過ぎこし人生を振り返る機会が与えられたわけです。逆境につぐ逆境の中で、ほめられるということもなく過ぎた人生でしたが、たった一度だけ、中学のときの絵の先生が、「お前は絵は下手だが、構図がいい」とほめて下さったことを思い出し、なつかしさのあまり獄中より、その先生にお手紙を出しました。先生から励ましの手紙が届き、それに奥様の短歌がそえられてありました。このことがきっかけとなって、島秋人は短歌をつくるようになり、歌に導かれて、人生観が百八十度転換するのです。たった一度ほめられた、そのことがきっかけとなって、鬼のような島秋人が、仏様のような島秋人へと転換してゆくのです。

この手もて人を殺せし死囚われ同じ両手に今は花生く

うそ一つ言い得ぬほどに変わりたる身のいとしさを尊く覚ゆ

人殺しまでした私が、うそ一つ言えないほどに変わることができ、自分ながらに自分の命を尊く思う、というのです。自分で自分の命を拝めるような生き方をすることこそ、自分の命を大切に生きるということなのでしょう。

こうして遅ればせながら生命の尊さに気づいた島秋人は、この命をいただいている間に、何かよいことをしたいと考え出すんです。しかし獄中に囚われの身として、何をする術もない。ようやくに考えついたことは、死刑になった後、この眼を使ってもらおう、アイ・バンクにとどけて、眼の不自由な人のお役に立ててもらうことができたらうれしいと、観つくんですね。しかしそこでまた、ハタと考えました。もしこの眼の持ち主が死刑囚だったということがわかると、貰い手がないかもしれない、ということに。

世のためになりて死にたし死刑囚の眼は貰い手もなきかもしれぬ

まさに「この体　鬼と仏と　あい住める」――これも死刑囚の句ですが――の句の心を証明したような生きざまです。このように、命の尊さにめざめ、仏の方向、神の方向へ向かわんとする思い、願いは、すべての人が例外なく初めから持っているものであり、これを宗教心と呼ぶのではないかと思うのです。

真理はひとつ、切り口が違うのみ

では、すべての人が向かわんとするその至高なるものとは、いったい何なのか。さまざまな名前や性格が与えられているけれど、もとのものはひとつでなければならないと思っております。私はそれを「真理はひとつ、切り口の違いで争わぬ」という言葉で、くり返し申して参りました。これは余語翠巌老師が好んでお使いになっておられる言葉です。

たとえばここに円筒形の茶筒があるといたします。横に切れば切り口は丸くなります。縦に切れば長方形になり、斜めに切れば楕円になります。しかし茶筒そのものはたったひとつ。変わるはずがありません。たったひとつの真理を、ヨーロッパ的切り口ではキリスト教となり、東洋的切り口では仏教となり、またそれぞれの民族や文化の切り口によって、違った姿となって現われたにすぎないと信じております。真理がいくつもあっては困る。

真理の名のもとで争う。そんな馬鹿げたことがあってはならない。それは真理でも何でもなく、法我見にすぎないと思っております。

「真理」という言葉と同じ意味を持つ言葉に、「法」という言葉があります。「法」という文字は「氵」（サンズイ）に「去」という文字で構成されています。つまり水が流れ去って行くさまをもって象徴された言葉です。水はいつの時代も、どこの国にあっても、地球の上の普通の状態にある限り、必ず高い方から低い方へ向かって流れます。時代によっては低い方から高い方へ、あるいは場所によっては低い方から高い方へ流れる、そんなことはありません。洋の東西を超え、時の古今を超えて変わらないものが、真理でなければならない。人間同士が約束の上でつくったものは、たとえば道徳とか法律とか、コロコロと変わりますが、人間の思惑とは関係のない世界で、厳然と存在し、行われているもの、それが真理でなければならないと思います。

そのひとつの真理を、見つけ出した教祖の性格や生い立ちや、その教祖を育てた民族や自然環境や時代の影響で、さまざまに異なった名前や性格や姿が、人間の側のメガネによって付与せられただけのことで、本来のものに変わりのあろうはずがない。たとえ呼び名は、父なる「神」と呼ばれ、あるいは「仏」と呼ばれ、「アラー」と名づけられ、また、

「法」とか「梵」とか「真如」とか「無」とかいう言葉で表現されようと、別のものであってはならないと思います。

神や仏の名のもとに争うとすれば、それは神や仏を、あさましい凡夫人間の次元までひきおろして、勝手に神仏の名のもとに人間が争っているだけのことであって、神仏の側に争いのあるはずがありません。あったらそれは神でも仏でもないと思います。

一人の教祖によって見出され、名づけられ、性格づけられたひとつのものが、長い歴史の伝承の過程において、具体的にどのような教学として展開していったか、また、修道生活として実践され、相続されてきたか。外見的には、非常に異なった花を咲かせてきたかにみえます。

「キリスト教の神は唯一神であり、また万物の創造主であって、仏教の仏とはまったく違う」という言葉もよく聞かされ、たしかにその通りであり、また、イスラムの神もヒンズーの神も皆、まったく違います。違いを主張し、優劣を論じはじめたら、はてしがありません。そんなとき、私はこんなことを考えます。

人類という枠の外から人類のやっていることを見ることができたら、もし犬や猫が人類のやっていることを見ることができたら、「何じゃ、同じことをやりながら、重箱の隅をつつくような枝葉末節の違いに、目の色を変えて争い、そのことによって、かえって神仏にそむき、神仏から遠ざかっているじゃないか」と言うのではなかろうか、と。「真理はひとつ、切り口の違いで争わぬ」の一言は、ここまで大きく人類のメガネをはずし、枠をはずした上での言葉なのです。

「神」の眼を持った宇宙飛行士たちの言葉

最近、『宇宙からの帰還』（立花隆著、中央公論社）という本を読む機会を得、その中で宇宙飛行士たちの何人かが、同じようなことを言っているのを知り、わが意を得たりの思いを強くしたことです。

ジェミニ九号を始め、三度も宇宙旅行をしたジーン・サーナンは、立花隆氏の「内面的に宇宙体験から得た最大のものは？」という質問に対して、こう答えています。

「神の存在の認識だ。神の名は宗教によってちがう。キリスト教、イスラム教、仏教、神道、みなちがう名前を神にあてている。しかし、名前がどうであれ、それが指し示している、ある同一の至高の存在がある。それが存在するということだ。宗教はすべて人間が作った。だから神にちがう名前がつけられた。名前はちがうが、対象は同じなのだ」

一九七三年、スカイラブ四号に乗り、八十四日間、二千時間という長期飛行をやってのけた、物理学者のエド・ギブスンはこう語っています。

「宇宙船の窓から見ていると、ものすごいスピードで地球が目の前を回転していく。何しろ九十分でひとまわりしてしまうのだ。いまキリストが生まれたところを通りすぎたと思ったら、すぐにブッダが生まれたところにさしかかっている。国の数と同じくらい多くの宗教や教派がある。どの宗教も、宇宙から見ると、ローカルな宗教なのだ。それぞれの地域が、これこそ我々の精神的指導者、指導原理とあおぐものを持っているが、それはそれぞれの地域ではもっともらしく見えても、宇宙から見ると、それがほんとの普遍的精神的指導者、指導原理であるなら、そんなに地域地域でバラバラのはずがないと思えてくる。何かもっとローカリティを抜きにした共通のものがあるはずだと思えてくる。

宇宙から地球を見ると、人為的な国境線というものを全く見ることができず、この下で百幾つの国家が分立して互いに対立抗争しているというのが、全く滑稽に見えるのと同様に、諸宗教間の対立がバカらしく見えてくるのだ」

ギブスンと一緒にスカイラブ四号に船長として乗船したジェリー・カーも、まったく同じことを語っています。

「宇宙体験は私の信仰を一層強めてくれた。正確にいえば、強めたというよりは、広げてくれたというほうがいいかもしれない。それ以前は私の信仰内容はファンダメンタリストのそれで偏狭だったが、宇宙体験以後は伝統的教義にあまりこだわらないようになった。はっきりいえば、他の宗教の神も認めるという立場だ。アラーもブッダも、同じ神を別の目が見たときにつけられた名前にすぎないと思う」

そしてこの『宇宙からの帰還』を書いた立花隆氏は、「神との邂逅」の章で、「宇宙飛行士たちの宇宙における認識拡張体験の話をくり返し聞いているうちに、私は宇宙飛行士とは『神の眼』を持った人間なのだということに思いあたった」と述懐していることは、大変興味深いことです。

私は先に、「真理はひとつ、切り口の違いで争わぬ」と言い、人類という枠の外から、人類のやっていることを眺めることができたら、皆同じことをやっているのであり、そのひとつの真理に対する切り口の違いが、ときに神となり仏となり、法となったにすぎない、と述べました。科学の力によって、人類史上はじめて地球圏外に出ることができ、地球や人類の全体を展望することができた人々が、期せずして同じことに気づき、強調してくれていることを知り、大変意を強くしたことです。

神の眼ということで、思い出したお話がございます。

先年、ローマを訪ねたとき、尻枝神父様がこういうことをおっしゃいました。

「ローマという都は、滅びゆくものの、滅びざる美しさにみちた都です。永遠の相を背景にして見るとき、ローマほど鮮やかに無常の美を露出してくれる町は、世界に二つとないでしょう。ローマはいわば人間のあらゆる野望の末路が、すでに過去形、いや完了形のかたちで収録された一幅のモザイクだと私は考えています。

私の甥がローマへ留学するというので、私は甥に言いました。つまらない知識をつめこむような勉強はしないで、このローマの滅びの美を通して、人生の真実の生きざまを学んでくれ。スクール（学校）という言葉の語源になっているラテン語のスコラという言葉には『遊ぶ』という意味がある。『強いて勉める』と書く日本語の勉強のあり方など、どうでもよい。滅びゆくものの滅びざる美しさにみちたローマで、上手に遊んでくれ、と言っているることです」

ああ、何というすばらしいことをサラリとおっしゃって下さったことでしょうか。

暴君ネロ皇帝は、自己の権勢を世に誇る象徴として、コロセウムの丘の上に「金の家」を建てました。そのグロッタ様式の残骸が、今ではグロテスクという形容詞となって、二千年後の今日まで、人々の嘲笑を買っているのに対し、この暴君ネロによって逆さ十字架にかけられたペテロの墓の上には、ローマ法王のおられるサン・ピエトロ寺院が建ち、五億五千万人と呼ばれる全世界のカトリック教徒の、心のよりどころとなっているのです。

この一例を見ただけでも、無常という、永遠という時の流れに濾過されることにより、人はようやく真実の、あるべき姿を見ることができるような気がいたします。バチカンでは「物事の理非は、人間ではなく歴史が裁定する」とし、今の人々の眼をおそれず、後世の歴史がどう裁くかをおそれて今を大切に生きるということです。歴史がどう裁定を出すか、それは、言葉をかえれば、神の眼、仏の眼をおそれ、神仏の眼から今を振り返って、そのとるべき道を選ぶということであろうと思います。

いかなる状態の中にあっても、つねに一生という、永遠という長い時間の展望の上から省み、または、神仏という醒めた角度からわが身を省みて、今の一歩を少しでもあやまりの少ないものにして生きてゆきたいものと思うことです。

互いに学びあいつつ、それぞれの花を咲かせてこそ

歴史学者のアーノルド・トインビーが、「今から一千年後の歴史家が、この二十世紀に

ついて書く時がくれば、民主的自由企業と共産主義政治の国内論争などにはほとんど興味をもたず、歴史家が本当に心を奪われる問題は、史上はじめてキリスト教と仏教が相互いに深く心を通わせた時、そこに何が起こったかという問題であろう」という言葉を述べていると言います。その言葉を引用して、「仏教とキリスト教がドッキングして、第三の新しい宗教が生まれるか」と問うて来る人がいます。私はこうお答えするようにしております。

ひとつのものに別の姿や名前が与えられるようになったその背景には、それなりの必然的意味があってのことだから、無理にひとつにする必要はないと思います。前にも述べたように、たったひとつの真理を、見出した教祖の性格や、その教祖を生み出し、育てた民族的背景や時代的背景、そして自然環境、さらにそれが今日まで伝承されてきた過程においての教学的、または修道生活の上での違い等々、さまざまな理由の総合が今日の形をとっているのであって、それはそれなりに皆大切な意味を持っているものと思います。

また、その宗教を受け入れる側においても、千差万別なのであって、究極のところはひとつのものの表われ方が違うだけと理解していても、感覚としてしっくりこない。どうも落ちつかない、ということもあるはずです。趣向の違いと言ったらよいか、波長、リズムの違いと言ったらよいか、本質論ではなくて方法論の違いなのですが、これが意外に軽視してはならない問題ではないかと思うのです。

かつて、あるシスターから、「非常な努力にもかかわらず、なぜキリスト教の教勢がその努力のわりに日本でのびないか、その原因はどこにあると思うか」という質問を受けたとき、私は、何も知らないものの強さから、こんなお答えをしたことがあります。

「バター、チーズ、ナイフ、フォークそして英語やフランス語のキリスト教から、味噌汁と箸と畳と日本語のキリスト教へと脱皮しないと、日本人の血の中には入りきれないのじゃないでしょうか」と。

島崎藤村は、「血につながる故郷、心につながる故郷、言葉につながる故郷」ということを言っておりますが、先祖よりずっと血の中に流れてきた意識以前のもの、潜在意識の中に受けつがれてきた感覚というものは、意識以前のものであるだけに意外に根強いものであり、大切にせねばならないもののように思います。

つまり、求める側、受け入れ側も多様だから、その求めに応じて無限の展開があってよいものであり、ひとつになることはないと思うのです。

たとえば、ひとつの春を奏《かな》でるのに、桜は樹上に花を咲かせるという形で奏で、柳は緑の芽をふくらませるという形で奏で、スミレやタンポポは地上に丈低く紫や黄色の花をつけるという形で奏でるでしょう。ひとつの春を、それぞれに授かった本来の姿で奏でてこそ、この地上における「春」という大交響楽は、すばらしくバラエティに富んだ、深みも幅もあるものとなるのではないでしょうか。桜一色だけの春もスミレ一色だけの春も淋しい。それぞれが、それぞれの姿を生かして、しかも大調和を保っているというあり方こそ、大切なことではないかと思います。

ひとつの春という深まり、ひとつの真理という深まりの中にあって、それを表現するのに、カトリックという姿、仏教という姿、イスラムという姿、それぞれみごとにより純粋な、より深い形で花ひらかせるということが、大切なことではないでしょうか。

桜を通して春に出会う人、スミレを通して春に出会う人、要は春に出会えばよろしいのであって、そこで桜とスミレが競いあったり、非難しあったりすることこそ、問題であろうと思います。互いに尊重しあい、学びあいこそすれ、互いを非難しあうことで、おのれの正当性を主張するようなことがあってはならないと思います。

道元禅師は、「自法愛染の故に他人の法を毀呰《きし》してはならない」、つまり〝自分の信奉する神仏やその教えをよしと思い、讃仰し愛しむあまり、他の宗教や神々の欠点を指摘したり非難してはならない〟と、厳しくいましめておられます。しかしこれは、宗教のもっとも犯しやすい罪ではなかろうかと思います。

仏身観――本体と現象の関係

では次に、仏教という、ないし禅という――と申しましても、私は禅宗の中の曹洞宗に属するもので、その曹洞宗の開祖の道元禅師のおとりなった姿勢を、それもきわめて貧しい私の学びの範囲でしかお話できませんが――切り口より見た至高なるものは、どのようにとらえられ、表現され、展開されたか、それと智慧と慈悲との関係について、考えを進めてみたいと思います。

仏教の本質を伝える大切な言葉として、古来よく用いられてきた言葉に、「悉有仏性」という言葉があります。「悉《ことごと》く仏性あり」と読むのがもっとも自然で、一般的でございましょう。ところが道元禅師は『正法眼蔵・仏性』の巻の中で、「悉有は仏性なり」とお読みになっておられます。「悉く仏性あり」と「悉有は仏性なり」とは、どこがどう違うでしょうか。

「悉く仏性あり」という読みは、たとえば古来禅門の公案によく出てくる「狗子仏性」とか「南泉斬猫」の話を思い出して下さい。犬に仏性があるか、猫に仏性があるか、あなたや私やすべてのものが仏性を持っている、という見方です。ちょうど仏性が、梅干しの種、柿の種みたいに埋めこまれている、そんな感じです。ということは、梅の中に仏性と仏性でない凡夫の場所とが混在しているということになるわけです。有るとか無いとか、持っているとかいないとかいう読み方をすると、そういうことになります。したがって、ミミズを二つに切った、両方とも動いている、仏性はどっちへ行ったか、そんな笑い話のような議論も、こういう読みから出てくるわけです。

これに対して道元禅師の読みは、「悉有は仏性なり」と読まれる。有というのは有る無しの有ではなく、存在そのものなのです。したがって、悉有とは悉くの存在そのものを指すわけです。一切の存在はそのまま仏性そのものだというのです。仏性といっても仏の性質というのではなく、仏そのもののことです。したがって凡夫の中に、私とか犬とか猫とかそういう衆生身の中に仏性が埋めこまれているのではなく、私そのもの、犬そのもの、衆生身そのものが、仏の御命の表われだというのです。つまり仏の身量と私の身量、衆生身の身量とは、まったく同量だというのです。

さらに道元禅師は「仏性の悉有なり」といい、「悉有の一悉を衆生という」といっておられます。つまり。仏の御命の無限の展開が一切の存在であり、その一切の存在のひとつひとつを衆生というのだというのです。

人間や動物のように心あるものも、草木や山や川や石ころにいたるまで、一切の存在が、仏の御命の無限の展開であり、しかも両者の関係は、ちょうど水と波のようなもので別のものではなく、ひとつのものの両面とみるのが、仏教の仏身観だといったらよいかと思います。毘盧舎那仏を遍一切処と訳したり、阿弥陀如来が無量寿光如来と訳されるゆえんも、こんなところにあると思います。毘盧舎那も阿弥陀も、梵語でございます。あまねく一切のところに満ち満ちておいでになる御命、御働き、それで遍一切処と申すのです。

また、無量寿光如来の「無量」は、〝はかり知れない〟〝無限の〟ということであり、「寿」は喜寿、米寿、白寿というように時間を表わし、「光」は無限の空間を表わします。つまり、時間的には過去・現在・未来の三世にわたる無限の時間を貫き、空間的には十万無限の一切のところに満ち満ちておいでになる御命、御働きという意味なのです。

存在のありよう——時間的・空間的縁起

そのひとつの仏身の存在のありようや、その展開の仕方は、気まぐれではなく、整然とした法則に従っている。たとえば先にも申し上げましたように、少なくともこの地上においては、水は高きより低きに向かって流れるというように、季節に春夏秋冬という順序があり、また、命あるものに生老病死という法則があるように、天地の道理ともいうべきものがある。これを仏教では、「縁起」という言葉で表現しております。

春夏秋冬とか生老病死とかいう言葉で表現されている「縁起」は時間的縁起であり、仏教の専門の言葉で表現しますと「諸行無常」といいます。これに対し、存在するもの一切が空間的にどう関わりあって存在しているかを表わす言葉として、「一即一切」、「一切即一」という言葉があります。

たとえばここに一つの時計があり、文字盤を長短二つの針がまわっております。その二つの針をとめているピンは百分の一センチだといいます。もし、この百分の一センチのピンが、「私はそんな小さな目立たないお役は嫌だ」とストを起こしたら、時計全部が止まってしまいます。つまり百分の一センチのピンは、時計全部の命を双肩に背負って、百分の一センチのピンという「一」は、時計全部の命という「一切」を背負って、刻々を勤めているわけです。これを「一即一切」といいます。

これを逆の角度から眺めてみますと、百分の一センチのピンが、どんなにすこやかに動ける状態にあっても、一つの時計を構成しているたくさんの部品のどれか一つが故障を起こしていると、動くことができません。つまり時計を構成している「一切」の部品が総力をあげて、百分の一センチのピン「一つ」を動かしてくれている。これを「一切即一」といいます。この「一即一切」、「一切即一」という言葉で表現されているのが空間的縁起の法則で、先ほどの「諸行無常」に対し、「諸法無我」という言葉で表現しています。

仏の御命の無限の展開という角度から名づけられた名前が、毘盧舎那仏であったり阿弥陀如来であったりするように、擬人的表現をとっているのに対し、その展開の姿とかありようという側から見たとき、そこにひとつの道理とか法則というようなものが見出され、その角度から名づけられたものが「南無妙法蓮華経」となるのではないかと思います。ここでいう「南無妙法蓮華経」は、いわゆる日蓮宗の所依の経典であるところの『法華経』を指すのではなく、仏教で説く「法」そのものを讃えて表現した言葉です。

気づくと気づかないとにかかわらず、そのことを肯定するとしないとにかかわらず、私たち一人一人が、草木から一切のものが、仏の御命の一分としての命を頂戴し、天地いっぱいの（一切即一）働きかけによってのみ、刻々に生き得ているわけです。呼吸ひとつする背景に、手足のあげおろしのひとつひとつの背景に、天地いっぱいの働きかけがあるわけです。それに気づく、それにめざめる、これを「悟り」というのでしょう。

そのことはとりもなおさず、今、私が、ここで、どう動くかが、そのまま天地いっぱいを動かすことになり、今ここでの一言が、天地いっぱいにひびきわたる一言になるということにもなるわけです。その自覚のもとに、今、ここを生きる。それが「一即一切」、「一切即一」の道理を、この体で行ずる仏教徒の生きざまといえるのではないかと思います。

これをさらにわかりやすい一般的言葉で表現しなおしますと、「一切即一」は「生かされて」ということになり、「一即一切」は「生かして」ということになりましょうか。

こういう天地の姿にはじめて気づくのを、「始覚」といいます。しかし気づいたことによってはじめて仏になるのではなく、はじめから仏の御命を生き、仏の御働きによってのみ、日々生き得ているという観点に立つのを、「本覚」といいます。

いずれにしても、気づくということは大切なことです。そんな大変な命をいただいていても、気づかないことにより、はじめに例としてお話し申し上げた島秋人のように、人殺しの方へその力を向けてしまったり、また、われとわが身を厭い、世を恨み、自殺する方向へとも走ってしまいかねないからです。

しかし、フッと息を吸うその上に、手をあげ足を運ぶその上に、天地いっぱいの働きが、阿弥陀様の呼び声が聞こえなければ、どんなすばらしい教えも、すばらしい命も、本来の力を発現してまいりません。そこに参師問法、工夫弁道の意味の問われるゆえんがあると思います。正しい師につき、とことんまで法を聞いて聞いて聞きつくし、そしてそれを、授かった生活の場において行じ続けてゆくという修道生活の意味も、ここにあるのだと思います。

智慧——仏のモノサシ、仏の働き

以上、申し上げたことをふまえて、最後に「智慧」と「慈悲」について考えてみたいと思います。

仏教各宗を通じてよく読まれているお経に、『般若心経』というのがあり、このお経は「観自在菩薩、深般若波羅蜜多を行ずるとき」という言葉で始まっております。この「般若」というのは梵語で、訳して「智慧」となるのです。「観自在菩薩」とはいわゆる観音様のことで、観音様が般若を行ずるとはどういうことなのでしょうか。

観音様という偶像がどこかにおいでになって、般若波羅蜜多という特別のことを行じておられるというのではないのです。観音様というのは、先に「悉有は仏性なり」、「真理はひとつ、切り口が違うのみ」のところで申し上げましたように、たったひとつのものの、別の名前にすぎません。「深般若波羅蜜多を行ずる」とは、ひとつの仏性が無限の展開をして、悉有となり一切の存在となり、この天地を動かしているということです。これを、観音様が知恵を行じている姿と表現したのです。

現代の妙好人といわれる榎本榮一さんの詩に、

夜、雨の音　風の音
あれは三世諸仏の　この世を
お歩きになる　足音です

というのがあります。三世十万の仏という言葉があります。三世とは過去・現在・未来、十万とは四方・八方・上下。そこに満ち満ちている仏たちということ。つまり一仏性が、一切の存在（悉有）となって展開したものなのですから、一切の存在はそのまま仏ということになるわけです。一仏性が、雨となり、風となり、太陽となり、土となり、一切のものとなって、この世をお歩きくださる、つまり行深般若の当体だというのです。

教学的に「智慧」という言葉の意味をたずねてみますと、「智」とは決断の義、「慧」とは簡択の義と、『倶舎論』の中で定義づけられているそうです。「簡」も「択」も選ぶということで、あれかこれかとよい方を選び、智はそのよい方を選び、決断して取るということになるようです。

つまり気まぐれな私の思い、凡夫の見解を捨てて、もともと授かっている仏の御命のままに、仏の働き、仏のモノサシに従って生きると決断することが、般若の智慧ということになりましょう。

凡夫の思いを、刻々に、無限に捨ててゆく。仏の思いも悟りの思いさえも捨ててゆく。凡夫の側からのモノサシで、これこそ仏、これこそ悟りとつかんでも、どうせ本物の仏、本物の悟りからは遠くて遠しに決まっているから。小さな私の認識の中にとらえられた仏とか悟りなど、群盲摸象の類にきまっているから。そんなものも投げ捨てて、今ここに姿勢を正し、呼吸を正す。これが坐禅であり、この姿勢で人生のすべてのことに、「一行に遇うて一行を修す」と、よそごとをまじえず、純一に立ち向かってゆく、その生きざまを禅と呼ぶのです。

慈悲——一切のものをわが身命と

最後に仏教における「慈悲」について考えてみたいと思います。

◇同悲――自愛の底が抜けて転じた他愛の姿

お釈迦様が、後半生の雨期を好んでお過ごしになった精舎に、有名な祇園精舎がありま す。この祇園精舎の近くに今も舎衛城の跡が残っておりますが、この舎衛城というのは、 お釈迦様御在世当時のコーサラ国の国王、パセーナディ王の居城です。

ある日、パセーナディ王は王妃マッツリカーとともに城の高楼にのぼり、眼下に広がる舎 衛城街や雄大なコーサラの山野を見渡しながら、ふと王妃にこんな問いかけをしました。

「マッツリカーよ。そなたは、この広い世の中で、だれかそなたよりいとしいと思う人があ るか？」

しばらく考えていた王妃は、告白するかのような語調で、こう答えました。

「王様、私には、この世の中で自分よりいとしいものはないように思われてなりません。 王様はいかがでございましょう」

「マッツリカーよ。私もそうとしか思えないのだ」

二人の考えは一致いたしましたが、何となくこの結論は、日頃帰依をしているお釈迦様 の教えにそむくような気がしてなりません。そこで二人は高楼をおり、祇園精舎にお釈迦様をお訪ねし、自分たちの考えをお話申し上げて教えを乞いました。王と王妃の話に耳を傾けておられたお釈迦様は、やがて深くうなずかれたのち、しずかにこうお答えになりました。

人のおもいは
いずこへもゆくことができる
されど　いずこへおもむこうとも
人は　おのれより愛しいものを
見出すことはできぬ
それと同じく　他の人々も
自己はこの上もなく愛しい
されば
おのれの愛しいことを知るものは
他のものを害してはならぬ　（相応部経典）

ここでまず一番に大切なことは、王や王妃がだれよりも自分がかわいいという自愛の姿、本能ともいうべき自我妄執の姿、醜いエゴの私の姿に気づいているということです。ふつうは気づかずに、わが身かわいい思いのみを先として暴走しております。「私の命など、どうでもよい、あなたさえよければ」とか、「わが子のためには火の中、水の中をも」とか、「身を捨てて世のため、人のために」とかよく申しますが、それは私の命の延長のもの――たとえば親子とか兄弟とか――であるゆえであったり、まわりまわって最後は私のプラスになると計算がつくことでなければ、何もしないというのが実際の姿ではないでしょうか。深い深いところにおいて、私がかわいいという思いが中核となり、それが行動の原動力になっているというのが、凡夫私どものいつわらざる姿ではないでしょうか。しかもそれに気づかず、ほんとにわが子のため、あるいは世のためにやっていると思っているからしまつが悪い。

榎本栄一さんの詩に、

私の中、覗いたら
お恥ずかしいが
たれよりも
自分が一番かわいいというおもい
コソコソうごいている

というのがあります。私の中の深いところで、いつも「だれよりも私が一番かわいい」という思いが、うごめいている。傷つけられたり、無視されると怒り狂い、傷つけて返さないではおれない私。思うようにゆかないと、ぐずったり、追っかけたり、逃げたり、助けを求めたりする私。それらの行動のど真ん中に、いつもわが身かわいい思いが、どっかりと座りこんでいる。そういう私の姿が、腹を立てるたびに、ぐずるたびに、追ったり逃げたりするたびに見える。パセーナディ王夫妻や榎本榮一さんのように。

この目はすでに凡夫の目ではなく、仏の御眼であろうと思います。仏の教え、真実の光に照らされてこそ、はじめて私のエゴの姿、我執の姿が見えるのです。それと気づかせていただけるのです。パセーナディ王夫妻も榎本榮一さんも、深く仏法に参じている人であればこそ、このエゴの自我妄執の姿に気づくことができたのです。

気づくことにより、榎本さんも「お恥ずかしいが」と詠っているように、はじめて懺悔の心が起きる。懺悔するはしから、またもやわが身かわいい思いが、行動が起きてくる。仏様や悟りさえも、小さい私のエゴのための飾りとしてしまう救いようのない私の姿を見すえ、その我愛の姿に涙し、また仏や法に会うことによってその姿に気づかせていただくことができたことの喜びに涙したもののみが、他の人の心の姿も見すえることができ、また共に涙することもできるというものです。

私がこれほどにわが身がかわいいように、あの人もわが身がかわいいのだ、私がこれほどに他から傷つけられたくないように、この人も他から傷つけられたくないのだ、というように、徹底的に自分の心の姿をごまかさずに凝視しつくし得た者にしてはじめて、他の人の心の動きも見つめることができ、また、共に涙することができる。

これを仏教では「同悲」といいます。共に悲しむ、上からの憐憫ではない、同列にあって手をとりあい、わがことととして悲しむ。お釈迦様はこの「同悲」を先に説かれて後に、「慈悲」の中の慈を説かれたとうかがっております。「おのれの愛しいことを知るものは、他のものを害してはならぬ」という先のお釈迦様の一言は、このへんの消息をものがたるものといえましょう。

本能ともいうべきわが身かわいい思いを基調とし、これを転じての他愛ですから、この他愛はいかなることがあってもゆらぐことのない強さを持っているものといえましょう。

その慈悲の姿は具体的にどう展開されているか、もう少し考えてみたいと思います。

◇わが命としての心の運び

横山祖道老師という方がおられました。「宿なし興道」の名で知られる沢木興道老師のお弟子さんで、大変ユニークな生き方をされた方です。師の興道老師にならって、生涯お寺を持たず、農家の納屋を借りてそこに寝起きしながら、毎日長野県小諸の懐古園に通い、そこの笹藪の蔭で坐禅をしたり、懐古園を訪れる人に、島崎藤村の「千曲川旅情の歌」などを、草笛で吹いて聞かせたりして、その後半生を送られた方です。

テレビの「宗教の時間」で、この横山祖道老師と「草笛説法」と題して対談することになり、打ち合わせのために、懐古園をお訪ねしたときのことです。欠けた七厘に、拾い集めた枯枝をくべて湯を沸かしながら、こんなお話をしてくださいました。

「みんな大空というひとつ屋根をいただき、大地というひとつ床の上に住む同じ家の住人じゃありませんか。それを一生懸命境をつくり、垣根で囲い、われのもの彼のものという区別をつけるから、取っただの取られただの、損をしたの得をしたのというつまらない思いが湧いてくるのですよ。宇宙いっぱいのわが家、あの鳥もこの猫もみんなわが家の家族、兄弟たち。どこの道ばたにタンポポが咲いていても、わが境内に咲く花。浅間山も富士山もわが家の庭の築山ですよ」

徹底捨て果てた世界におけるこの豊かさ。何ものも持たねばこそ、天地いっぱいをわが家、わが庭として、その中に存在するすべてのものを、わが兄弟と呼びかけて生き得るこのおおらかさ、豊かさ。

わが身かわいい思いの底が抜けて、一仏性の展開としての悉有、つまりひとつ命の中に生かされている兄弟仲間たちという思いで、一切のものに対してゆく。これが慈悲の姿ではないかと思うのです。上から下へのあわれみではなく、すべてわが命そのものとしていつくしんでゆく、というのではないかと思うのです。

仏教、と申しますより禅門の専門語かと思いますが、自分のことを「自己」といい、他人のことを「他己」といい、先輩のことを「大己」といいます。皆下に「己」という字がつきます。宗教の世界はすべて一人称単数の世界といわれますが、すべて私の命と受けとめてゆく。この場合の私はエゴの私ではなく、仏性そのもののことであることは、言うまでもありません。

さらにすばらしいことは、この思いを人間のみに向けるのではなく、一切の上に、動物や植物はもちろんのこと、鍋・釜から水一滴にいたるまでわが命と受けとめ、慈悲の心を運べと教えられるのです。

道元禅師は『典座教訓』の中で、「水を看、穀を看るに、皆子を養うの慈愍を存すべきものか」といって、水も米も野菜もすべてわが子を思うの思いで、大切に扱えとおっしゃっておられます。さらには「眼睛なる常什物を護惜せよ――常什物は私の眼玉と思って大切にせよ――」「飯を蒸す鍋頭を自頭となし、米を淘ぎ、水は是れ身命なりと知る――お釜やお鍋は私自身だと思え、水は私の体であり命であると思え――」にいたっては、わが子よりさらに進んで、私の命そのものと思え、私の体そのものと思え、とまでおさとしになっておられます。

たったひとつの命（仏性）の無限の展開としての私の命であり、あなたの命であり、動物・植物であり、鍋・釜であり、石や水であるわけですから、こういう姿勢が出てくるのは当然のことでしょう。そこには上下や貴賤の序列はなく、あるものはまったく平等の一仏性の世界のみということになります。

最後に大切なことを一言添えさせていただいて、結びとさせていただきます。

道元禅師は『正法眼蔵・弁道話』の中で、「しるべし、仏家には教の殊劣を対論することなく、法の浅深をえらばず、ただし修行の真偽をしるべし」とおおせられております。つまり、どちらの教えの方が優れているとか、どちらの神や仏の方がありがたいかとか、そんなことを言い争ったり、比較研究したりすることは、どうでもよいことだというのです。大切なことは、今日ただ今の一歩に命がけで取り組んでいるか、またその一歩が私をまじえずに、真実に従って行じられているかだけを自らに問うことだというのです。ここに修道生活の本命があると思います。

また、この言葉は諸宗教対話の上の自戒となるばかりでなく、ひろく国家間の政治、経済、文化等のあらゆる面に向かっても大切な言葉として、心に銘記してゆきたいものと思います。

V 親の生きる姿勢

母の生きざま

私は、名古屋の尼僧堂にお世話になっております。南内田の無量寺に参りましたのが、数えの五歳で、生まれは愛知県の一宮で百姓、実家からは、御嶽山が大変きれいに見えました。

無量寺は伯母（父の姉）が住職をしており、この孫弟子として入門したわけです。伯母は温かい人でしたが、厳しい人で、三百六十五日、朝、暗いうちから起き、一時間から一時間半のお勤めをし、寒い冬でも絶対休むことが許されませんでした。

昼間は、お経を覚えるわけですが、最初は口写しで、少し文字を覚えると、箸《はし》で一字一字文字を突いては（全部漢文ですから）覚えるという形で教えられました。一つお経を覚えると、実家へ報告を出します。

一番最初が『舎利礼文』、二番目が『般若心経』。『般若心経』を習った時、家にはがきを出しました。母から返事が来て、

「お前は小さいのに、よく早く覚えたね。お母さんはいい年をして、『般若心経』がいつまでたっても終わらないんだよ。お母さんに、カタカナでよいから、『般若心経』を書いて送っておくれ」

と言ってまいりました。私は得意になって、母に書き送りました。

母が亡くなった後、兄が、「あなたが五歳の時に書いて送ってくれたカタカナの『般若心経』を、お母さんは一生涯、宝物のように持ち歩き、時々出して読んでいたよ」と、語ってくれました。遅ればせながら、気がついたことは、それは母の老婆親切だったということです。

母の日課は、朝一番に起き、神棚、仏壇に新しい水をお供えして、『般若心経』を唱え、それから台所に下りる。それが母の生涯の日課だったのです。私は、母のお腹にいる時から母の『般若心経』を聞いていたわけです。それが『般若心経』であることを、知らなかっただけのことで、母が『般若心経』を読めないはずはなかったのです。

坊さんにするために、覚悟をして送り出した限り、どうにか、一人前の坊さんになってほしいという母の願いが、まちがいやすい箇所を、教えながら、母より早く覚えて偉いなとほめ、激励をしてくれたのだということを、後になって気がつきました。

私は寺でお茶の稽古もしているのですが、小学校の時の同級生が十何年も通って来ております。

先日、稽古の後、その友が、こんな話を始めました。

「私は、最近夜、本を読もうとすると、くたびれてすぐに眠くなってしまい、頭には少しも入らないんですよ。同じ同級生でも、あなたは、本を書かれたり、講演会に行ったり、大変活躍しておられるのに、その間の生き方が違うと、こうも違ってしまうものでしょうかね」

この方は、私よりとても優秀な方で、ずっと学問を続けていれば、大学の教授になれるくらいの力を持った人でしたが、お百姓さんの家の一人娘のため、高校で学問をやめ、家に入り、お百姓、子育て、主婦として真剣に生きてこられた方です。

私と比較して寂しい思いをなさっているんだなあと思い、こんなお話をいたしました。

私はこの授かった道を精いっぱい歩んでいるだけのことです。その人が立派であるとかないとかいう評価を、私たちはとかく学歴とか、知名度とか、財産のあるなしなど、一般的なものさしで評価しがちです。しかし、名刺の裏に書ききれないくらい肩書きを持っていても、たくさんの学歴を持っていても、いくら本を書こうが、講演に歩こうが、マスコミに顔を出そうが、つまらない人間もいる。誰も名前を知らなくても、一銭もお金がなくても、学歴や肩書きがなくても、すばらしい人もいる。

本当の人を測るものさしというのは、そんな世間的なものさしではない。それにたとえば本といっても、私は縁あって何冊も本を書かせてもらっているけれど、紙や文字で表わされたものだけが本じゃない。こんな本は書き直しもできるし、火にくべれば焼けてなくなってしまう。本当の本というのは、二度と書き直しのできない、切れば血の出る体で書く本というものもあるはずです。

親というのは、二度と書き直しのできない、切れば血の出る自分の体で、毎日、一句一句を子供のために書き与えているといえないでしょうか。子供はその親たちが、体で書き与えてくれた一句一文字を一言も余さず、のがさず、読み取り、聞き取り、その中で育っていくものだと思います。

私は満三歳までしか母と暮らしていないから、母の生きるたたずまいや姿勢はよくわかりませんでした。七歳の時父が危篤ということで、十日ほど実家で暮らした時のことです。父はつらいのか、母の名を呼び通しておりました。昼間は病んでいる父と老衰で寝ているおばあさんと母と私。そんな中で、母が餅をついておりました。母は何も愚痴をこぼさず、にこにこと桑ぼうとか麦わらなどを燃やして、次の餅の用意をしながら、先に蒸し上がった餅米を、ひとりでつき、手がえしをし、まるめておりました。十五年間も一軒の主人公が寝こんでおりますと、何もかも一人でやるのが当たり前になっているのですね。野菜作りも、急いで畑へ行き、採ってきて、呼び通しの父に一番近い土間で、父の相手をしながら野菜作りをしていました。その時の母の姿が鮮明に心に残っております。

十五年の看病の末、おばあさんが二月、父が四月に亡くなり、二カ月の間に二人の葬式を出しました。近所の方が、今度はゆきさん（母の名はゆきの）が疲れて寝こむ番だと、皆で心配してくれたそうです。

戦争が始まり、兄が出征し、姉を嫁に出し、あっという間に母はひとりぼっちになりました。それでも青山の家を絶やしてはならぬと命がけで働いて、八十歳まで元気で生きてくれました。私の脳裏にある母は、鶴のようにやせて、前かがみで、常に小走りに走っている姿しかありません。おそらく母は生涯、小走りに走り通して生きねばならなかったのだろうと思います。

病人や子育てや百姓を全部一人でやり、一家を背負って、寝る暇もなく働き、昔のことで昼間は父をリヤカーに乗せて病院へ行きと、十五年それをやりとげた。どんなにか大変でありましたでしょうに、それを少しも愚痴をこぼさずにやりとげた母の姿を思う時に、自分が承知して受けながらハードスケジュールで悲鳴をあげたくなる時、思うように行かなくて愚痴をこぼしたくなる時、私は母を思い出すんですね。がんばれ！　感謝こそすれ、愚痴をこぼすな……。自分のお尻をひっぱたくことができるんですね。意識にのぼる年齢となってともに暮らしたのは、わずか十日ほどですが、そこから私は、自分の生涯をむち打つだけの母の教えを、母の生きざまから読み取らせてもらうことができました。

一年三百六十五日。十年、二十年、親子ともに生きたら、子供たちは、どれだけの教えを親の生きざまから読み取り、学び取るかわかりません。

家庭の雰囲気、親子、兄弟、夫婦の愛情、嫁と姑の間の感情のしがらみ、一軒の中での雰囲気がどんなふうかという、それがどれほどに子供の心に影響を及ぼすか。それは子供の将来を左右するほど大きな力を与えるのです。親の心のわずかなゆらぎ、家庭内の雰囲気のあらゆる形が、子供の心の健全な成長にひびくことを忘れてはなりません。

人間の一番大切な心の形成というものは、三、四歳までで百パーセント完成だそうです。この一番大事な心を育てる時に、細心の注意を払って、育ててやっていただきたい。何もわからないからといって、いいかげんなことを言ってはいけない。

子供の前で、口争いも、恐ろしい思いもさせたくない。その親の眼の動き、心のゆらぎ、全部を真白い心の印画紙に焼き取り、読み取って育っていくのですから、それがその子の生涯を支配するほどの力になるのです。二度と書き直しのできない文字を、切れば血の出

ちの責任です。るこの体で、毎日刻々と書き与えてやる、それが子供のまわりに立つ親の姿であり、親た

お母さんのようなお母さんに

東井義雄先生がこんな話もしてくれました。給食を考えるというお話。今、学校給食がいきとどいて、お母さん方、子供たちのお弁当を作る手がはぶけて楽になったといえば、それまでのことなのですけど、一番大事な愛の伝達方法を失ったという意味では非常に残念だと、東井先生はつねづね考えておられたんですね。

その先生が、兵庫の八鹿小学校へ赴任された時のこと。皆、運動会の時、お母さん方からお弁当をもらってきている。どんなお弁当もらってきているかなと見て歩いたら、何人かの子供が、町の寿司屋さんの寿司を持ってきていた。非常に残念に思われたそうです。

まもなく修学旅行のパンフレットが配布された。一食弁当を持参と書いてある。そこで東井先生が全部のお母さん方に手紙を書いた。一食弁当を持参というのはお母さん方、忙しかろうけれど、三十分早く起きていただいて、自分の子供のためにご飯をたいて、しっかりとおむすびを結んで、どんな気持ちでこのおむすびを結んだか、その気持ちを手紙に

書いて持たせてやってくれと、全部のお母さん方に手紙を出した。当日、担任の先生方も手づくりのおむすびを持ってきた。

昼の食事になった。皆、どんなふうにして食べるか、と見ていた。お弁当の包みを開いたら手づくりのおむすびが出てきた。手紙がそえてあった。みんなおどり上がって喜んでいた。

森木君という少年がお母さんの手紙を出して読んで、お守りみたいに大事に小さくたたんで内ポケットにしまった。東井先生が「森木君、先生にその手紙見せてくれ」と言うと、もったいなさそうに出して、「先生、あげるとちがうぜ、ちょっとだけ見せてやるぜ」と言って見せてくれたそうです。その森木君が後で作文にこう書いてくれました。

「お弁当のつつみを開いたら、お母さんの手づくりのおむすびが出てきた。お手紙が入っていた。ぼくはうれしくてうれしくてしようがなかった。夜寝る時、もう一度この手紙を出して読んだ。そしてお母さん、一日無事終わったから安心しておくれ。明日も気をつけて行くからね。おやすみ」

そうお母さんと話をしている。おむすびというのは、親と子の心を結ぶおむすびなので、そういうところに心の断絶はないと、東井先生はおっしゃるんですね。

恵ちゃんという女の子は、こんな作文を書いてくれました。

「お弁当のつつみを開いたら、お母さんの手づくりのおむすびが出てきて、お手紙がそえてあった。その手紙を読んだら、嬉しくなって涙がこぼれた。気がついてみたら、私の着ているお洋服はお母さんが忙しい合間をぬって、一針一針ぬってくれたお洋服なんだ。えり元の花模様のししゅうもしてくれた。クラス百五十人のお友だちは、皆しゃれたお店の洋服を着ている。それにくらべると少し不格好だけど、お母さんが作ってくれたお洋服だと気がついた時、私はクラス中で一番幸せな子だと気がついた。私もお母さんになる日が来たら、お母さんのようなお母さんになりたいと思います」

と結んでくれてあったそうです。嬉しいですね。

お母さんになる日が来たら、お母さんのようなお母さんに、お父さんになる日が来たら、お父さんのようなお父さんになりたい、と胸をはって言える子供は幸せです。今日食べる物が少なかろうが、栄養が少し足りなかろうが、着る物がボロであろうが、そんなことで子供の心はゆがみはしないと思うのです。そんなことよりも、お母さんになる日が来たらお母さんのようなお母さんに、またお父さんのようなお父さんになりたいと、胸をはって言えるそのことのほうが、どれほど幸せなことか。

たった一人のお母さん、お父さんを誇り高きものに思うといった、最高の心の栄養を頂戴しているのです。こういう子は、絶対に横を向かないでしょう。非行に走らないでしょう。

十億の人に十億の母あらむも
　わが母にまさる母ありなむや

これは暁烏敏という方の歌です。この世にお母さん、お父さんと呼ばれる人はたくさんおられるけれど、私がお父さん、お母さんと呼ぶことを許される人は、たった一人しかいない。そのたった一人しかいないお父さん、お母さんが、呼ぶこともいやだ、顔を見るのもいやなお父さん、お母さんでは子供がかわいそうだ。わが母にまさる母ありなむや。お父さんになる日が来たらお父さんのようなお父さんに、またお母さんになりたい、すばらしいことじゃありませんか。そこではじめて子供が、本当の意味での、うるおいのある豊かな人間の心を持った子供として育つんじゃないでしょうか。

カロリー計算をして栄養さえ採らせておけば、子供の体は育ちます。しかし心を育てるのは栄養ではない。カロリー計算じゃないんだ。うるおいあるお父さん、お母さん、子供を囲む家族たちの、心の栄養を与えなかったら、うるおいある、心のある子供は育たない。

そう思うんです。愛を食べさせるんだ、愛を着せるんだ、そんな気がするんです。私の母も、自ら蚕を飼い、糸をつむぎ、法衣、お袈裟、着物、コート、帯、一生着きれないほどの物を、私のために織り残していってくれました。

縁あって、アメリカ、ヨーロッパを出歩くときも、母が祈りをこめて紡いで、織ってくれたであろうそれらのものを必ず一枚は身につけて参ります。母が亡くなりまして十何年、あの世とこの世をへだてましても、母のぬくもりをそのままに体に頂戴して生きる思いです。

母の見守りの中で、祈りの中で生きる。少しも寂しくない。力強く生きていくことができる。この母の愛、祈り、見守り、これはしかし、考えてみれば恐ろしい目でもございます。人の目はごまかすことができる。仏の目、母の目はごまかすことはできません。この母に喜んでもらえる生き方をせねば。この愛をいただき、見守りをいただいた子供は、よそを向くわけにはいかない。祈ってくれる、見守ってくれる母へのご恩返しをしなければいけない。よそを見るひまはございません。ひとすじにそういう生きざまをしないではおられなくなります。

この愛について、もう一歩踏みこんで考えてみたいと思います。それは、愛というのは、あたたかいという姿ばかりではなく、厳しいという姿もなければならないということです。

　私は、少しばかり、お茶をやっている関係で、野の花、山の花、路傍の花を大事にしております。野山の花を取ってきても、畑に植えて過保護にすると、草によっては根が浮いて、消えてしまうのが割合多いのです。草たちが教えてくれました。道の端で踏まなければ、だめになる。田んぼの土手や、山の中で、いい意味で他の草たちと競い合わなければ、だめになる。一人だけ過保護に育てられたら、消えていってしまうと教えてくれました。もう一つ気づかせてもらいました。踏まれなければだめになるといっても、いつ踏んでもよいというものではない。踏むべき時がある。たとえば麦やもやしみたいに大きくなってから踏んでもだめ。土にはりついているくらいの時に踏んでやってはじめて、大きくなってから嵐にあっても起き上がる力を、頂戴することができるのです。

　踏むべき時に踏んでやるのが、お母さん、お父さんたち、幼い時を育てて下さる皆さんの力、愛の姿ではないでしょうか。過保護でもやしみたいに、育てるだけが愛じゃない。一人で生きていく時、嵐に立ち向かう時、雪折れせず倒れずに起き上がる力、むしろそのおかげで、こんな人生が展開できたと、悲しみ、苦しみを喜んで受けて立ってゆかれるような生き方を教えてやるためには、踏むべき時には、しっかり踏むという形の愛を忘れないようにしなければと思います。

子供を鏡として

次にもう一つ考えておかなければならないことがあります。

親は確かに子供の生き見本には違いありません。しかし、私こそ生き見本だよ、と、もしそういう思いがあったら、これほどのおごりはないということです。生き見本には違いないけれど、見本としてはおそまつだ、申しわけない、とこの謙虚な姿がほしいですね。七、八年前、東井義雄先生が、私の寺へお越しになった時に、こういうことをおっしゃいました。「子供こそ大人の親ぞ」とね。その時私はこの言葉の意味が理解できなかったのです。

私も、お茶やら何やらで、子供さんをあずかっております。子供さんのおしゃべりやら笑いやら、立ち居振舞いを見ていると、お母さんの姿が見えるようです。おそろしいほどに親の姿がそこに浮きぼりにされて、「あなたどちらですか?」と聞かなくても、よくわかります。やっぱり生き写しのことをやってくれます。いやでも親は見本ですよ。その姿を見て、「ああ、私がお手本だった」とハッとされることがあると思うんですよ。

親が親としての生きる姿勢を正させてもらう。まさに子供のおかげで、子供を鏡として、はじめて親がつつしみもって生きなきゃならぬと自分に言い聞かせないではおれなくなるわけです。まさに、「子供こそ大人の親ぞ」ということが、その時わかりました。

私も生徒や弟子を師匠として、先生として拝んで暮らしております。親の親は子供なんだ。先生の先生は生徒なんだ。そう生徒を拝み、子供を鏡としておのれをつつしんでゆく。これが親のとるべき道、先生のとるべき姿勢ではないでしょうか。教えてやる、育ててやる、親である、教師である。こんな傲慢な姿の中からは、反発する子供しかでてこないのじゃないでしょうか。非行非行というけれど、子供に責任があるんじゃない。育てる側に全面的に責任があると、私は、そう思っております。子供を拝み、子供を鏡とし、子供から学ぼうという姿勢の中で、はじめてほんとうの教育もできると思うのです。

先だって、子供が非行に走ってしまったというお母さんが、人生相談にやって来たんです。お母さんの話の中に、こういう言葉が出てきました。「私の育て方にまちがいがあったとは思いませんか」。自信のあるお母さんです。私は思わず叫びました。「お母さん、それは違いませんか。どんなに努力しても足らない、そういう謙虚な姿勢がほしいんじゃありませんか。私の育て方にまちがいがなかったというとなれば、いけないのはあなたの方だ、子供の方だということになるでしょう。その傲慢な、お母さんの姿が、子供を非行に追いやったのじゃありませんか。どれほど努力しても足りない、そういう謙虚な姿がほしいと思いますよ」、とお母さんに言ったんですよ。

山村暮鳥の詩で、こういうのがあります。

よくよく見ると
その瞳の中には
黄金《きん》の小さな阿弥陀様が
ちらちらうつっているようだ
玲子よ　千草よ
とうちゃんと呼んでくれるか
自分は恥じる

疑うことを知らない澄んだ瞳を向けて、「父ちゃん」と呼んでくれる、「母ちゃん」と呼んでくれる。その瞳を、はっしと受けとめることのできるだけの自信のある私の生きざまであったのか。その呼び声にしっかりと、自信を持って答え得るだけの父ちゃんであったか、母ちゃんであったか。自分を振り返った時に、落第でしかない私がそこにいる。

ああ、許してくれ。心の底から子供にわびて、しかしながら、父ちゃんであることに変わりはない、母ちゃんであることに変わりはない。及ばずながらも、この呼び声に答え得るだけの父ちゃんにならねばならぬ、母ちゃんにならねばならぬと、一生懸命姿勢を正し直しながら生きようと努力する、それが親のとるべき姿であるのではないでしょうか。

次に大切なことは、親であり、教師である前に、一個の人間としてどう生きようとしているか。人生観が、生きざまがどう確立しているかということです。

子供の幸せを、親たちは祈っていろいろとレールを敷いてやります。しかしながら、人生は予定通りにはまいりません。本人の生きざまひとつで明日を開いていくのです。親は代わってやることはできない。自分で開いていかなければならない。あるいは授かった人生を、自分で受けて立って越えていかなければならない。むしろそのことのおかげでこんな人生の転換ができたというような積極的な受けとめ方、生きざまを教えてやってほしいと思います。それにはまずお母さんたちが、親たちがまさに生き見本として、体で生きざまを見せてやって下さい。

一個の人間としてどう生きるべきか。二つの柱を立てておきたいと思います。一つは、気まぐれな私の思いを先とせず、道に従い、天地の道理に従って、今ここを生きるということです。

先ほども申しましたように、私は数えの五歳で、伯母の周山老尼が住職をしている信州の無量寺に入門しました。伯母が、五歳の私をまっ先に本尊様の前に連れてゆきまして、こんな話をしてくれました。

私の寺は、御本尊様が阿弥陀様でございます。阿弥陀様は両方のお手ともに、親指と人さし指で丸を作っておられます。その阿弥陀様の前に私を連れていって、

「お前、よくこの仏様を拝んでごらん。寝ほうけている時も、遊びほうけている時も、仏様なんかいるものかと、仏様に反発しているときも、いつでも仏様は、見守り通しているんだよ。それからもうひとつ、もしお前が、誰も見ていないと思って悪いことをすると、あの仏様の手の丸が、三角になるんだよ」

と申しました。五歳の私は、それを本気にしまして、仏様の手の丸が三角になったら大変だと思いまして、いつでもそのことが頭にこびりついていました。

私の遊び時間は、昼休み一時間と決まっていたんです。一度遊びに夢中になって、気がついたら二時間たっていました。あわてて飛んで帰ったけれど、隠居さんが当時のつるべの井戸水を、じゃんじゃんとくんで、私の頭からぶっかけまして、「今、何時だと思う」。

悪いと思っているから、ぬれねずみになって泣いていました。師匠が、ぬれねずみになっている私に着替えをさせながら、「早く隠居さんにあやまって、草を取れ」と言われました。隠居さんの後から、「くしゅん、くしゅん」と言いながら、草を取ったのを、今でも覚えています。

あたたかい人でしたが、折り目、切り目だけは、絶対譲らない厳しい人でもありました。要するに、仏様の手が三角になったわけです。私が、やりたくてしかたがないことでも、仏様が三角とおっしゃることはしてはならない。私がどんなにやりたくないことでも、仏様が丸とおっしゃることはせねばならないということですね。私の思いを先とせず、仏様がよしとおっしゃる生き方、道にかなった生き方をしろ、そういう明らかな生きざまの基本というものを、仏様の手の丸という形で教えていただいたことは、ほんとうに幸せなことでした。今にいたるまですばらしい教えだったなあと感謝しております。

私たち、偉そうなことを言いますけれど、凡夫のものさしなんてものは、伸縮自在の勝手なものです。そういうものさしで子供を叱ったりするのが、私たちの姿であります。人間だから、好き、嫌い、都合はあるけれど、それはそれとして、道として、道理として、仏様の目から見てやるべきことはどうなのかと、冷静に厳しく、たった一度の人生のものさしを、そこにおいて生きる。こういう生きざまを、五歳の私に、入門の第一歩、最初に教えていただきましたことは、ほんとうにありがたいことだったと思っています。今日にいたるまで、私にとって大事な教えであります。

二つ目の柱は、一口で言うと、「投げられたところで起きる小法師かな」という生きざまです。

東井先生は、雨降り校長と呼ばれておりました。何か計画すると、雨が降る。まあ、そういう方もあるものでございます。運動会を計画すると、雨が降る。遠足を計画すると、雨が降る。明日は運動会、今日その予行練習があった。予行練習を終えて帰っていく生徒たちに、体操の先生がマイクで呼びかけていた。

「万一、あした雨が降っても、天に向かってぶつぶつ言うな。雨の日には雨の日の生き方がある」

それを校長室で聞いておられた東井先生が大変喜ばれて、ああよいことを言ってくれると、もう一言つけ加えられた。

「雨が避けられない以上、むしろ大手を広げて、ようこそと雨を受けとめ、雨が降ってくれたおかげでこんな人生の展開ができたというような、そんな生き方がしたいものだ」

と。ひとつひとつをそのように受けて転じていく。どんなこともよかったと転じていく。その生きざまこそ大事なのであって、今ここに天気なら、雨ならと条件をつけるなと、そういうことですね。

最後に、今ここでの生きざまを転ずるということ、「投げられたところで起きる小法師かな」ということの例のひとつに、高校入試に失敗した中学三年の男の子の「元服」という作文をご紹介いたしましょう。

僕は今年三月、担任の先生からすすめられて、A君と二人、K高校を受験した。K高校は私立ではあるが、全国の優等生が集まってきている、いわゆる有名高校である。担任の先生から、君たち二人なら絶対大丈夫だと思うと強くすすめられたのである。僕らは得意であった。父母も喜んでくれた。先生や父母の期待を裏切ってはならないと、僕は猛烈に勉強した。ところがその入試でA君は期待どおりパスしたが、僕は落ちてしまった。得意の絶頂から奈落の底へ落ちてしまったのだ。何回かの実力テストでは、いつも僕が一番で、A君がそれに続いていた。それなのに、その僕が落ちて、A君が通ったのだ。だれの顔も見たくないみじめな思い。父母が部屋に閉じこもっている僕のために、僕の好きな物を運んでくれても、優しい言葉をかけてくれても、それが余計にしゃくにさわった。何もかもたたき壊し、ひきちぎってやりたい怒りに燃えながら、布団の上に横たわっている時、母が入って来た。

「Aさんが来てくださったよ」

と言う。僕は言った。

「母さん、僕は誰の顔も見たくないんだ。特に世界中で一番見たくない顔があるんだ。世界で一番いやな憎い顔があるんだ。誰の顔か言わなくたってわかってるだろう。帰ってもらっておくれ」

母は言った。

「せっかくわざわざ来てくださっているのに、母さんにはそんなこと言えないよ。あんたたちの友だちの関係って、そんな薄情なものなの。ちょっとまちがえれば敵味方になってしまうような薄っぺらいものなの？　母さんにはAさんを追い返すなんてできないよ。いやならいやでそっぽを向いていなさいよ。そしたら帰られるだろうから」

と言っておいて、母は出て行った。入試に落ちたこのみじめさを、僕を追い越したことのない者に見下される。こんな屈辱ってあるだろうかと思うと、僕は気が狂いそうだった。

二階に上がって来る足音が聞こえる。布団をかぶって寝ているこんなみじめな姿なんか見せられるか。胸を張って見すえてやろうと思って、僕は起き上がった。戸が開いた。中学の三年間、A君がいつも着ていたくたびれた服のA君。涙をいっぱいためたくしゃくしゃの顔のA君。

「君、僕だけが通ってしまってごめんね」

やっとそれだけ言ったかと思うと、両手で顔を覆い、駆け下りるようにして階段を下りて行った。僕は恥ずかしさでいっぱいになってしまった。思い上がっていた僕。いつもA君になんか負けないぞとA君を見下ろしていた僕。この僕が合格してA君が落ちたとして、僕はA君を訪ねて、僕だけが通ってしまってごめんね、と泣いて慰めに行っただろうか。ざまあみろと余計に思い上がったに違いない自分に気がつくと、こんな僕なんか落ちるのが当然だと気がついた。彼とは人間のできが違うと気がついた。通っていたらどんな恐ろしい一人よがりの思い上がった人間になってしまったことだろう。落ちるのが当然だった。落ちてよかった。本当の人間にするために天が僕を落としてくれたんだと思うと、悲しいけれども、この悲しみを大切に出直そうと、決意みたいなものが湧いてくるのを感じた。

僕は今まで思うようになることだけが幸福だと考えてきた。が、A君のおかげで思うようにならないことの方が、人生にとってもっと大事なことなんだということを知った。

昔の人は十五歳で元服したという。僕も入試に落ちたおかげで元服できた気がする。

十五歳の少年の作文です。今まで自分の方が上だと思っていた。自分よりできないと思っていたお友だちに追い越されてくやしくて、くやしくて、布団かぶってのたうち回っていた。まさに、地獄の思いをしていた。その地獄の思いが、一瞬にして落ちてよかったとひっくり返った。落ちたことの背景に神様、仏様のお心までも受けとめて、私を人間らしい人間にするために神様が落としてくれた。仏様が落としてくれた。ありがたかったんだと転じましたね。

凡夫の私どもの喜びというのは、入試に合格することをもって喜びととかく考えがちです。しかし、入試に合格した喜びと、落ちてよかった、落ちることで人間にさせてもらうことができてありがたかったという喜びとは、喜びの深さが違います。本当の喜びとは落ちたとか合格したという条件によって左右するものではなく、そのことを通じて何に気づくか、何を学ぶか、そのことの方が大事だということですね。どう受けとめるかということですね。

それと、先生方にぜひお願いしておきたいことは、勉強とはいったい何なのかということです。入試だけが勉強じゃない。入試などというものは、勉強の中のほんの一部にすぎないんだということですね。むしろ人生の勉強という点では、入試なんか落ちた方が人生の勉強になる。そのくらいな大きな角度から勉強というものを受けとめ、子供たちをひっぱってやっていただきたい。子供が万一、入試に失敗したとき、

「人生の勉強という点では、入試なんか落ちた方がいいんだぞ。この失敗をむだにしなさるな」

と、肩をたたいて励ましてやっていただきたい。入試だけに振り回されていない、遠くまで見通しがついている、そういう先生であっていただきたい。それにはまず、先生方自身がそういう生きざまをしていただかねば、説得力はないと思います。

この作文からもうひとつ学んでおきたいことは、この少年をして一瞬のうちに百八十度方向転換をさせたものは何か、ということです。あらためて言うまでもなく、「ぼくだけが通ってしまってごめんね」と、泣いてあやまったお友達の愛の心、愛の心からほとばしり出た愛の言葉であろうと思います。

道元禅師は、「愛語よく廻天の力あることを学すべきなり」とお示しくださっておりま

すが、愛の心が、愛の心からほとばしり出た愛の言葉が、一人の人を、いや天地をひっくり返すほどの力をもっているというのですね。そのお言葉の証しとなるようなお話です。子供を育ててゆく上において、一番大切な心の栄養は、愛の心でございましょう。食べものも愛を食べさせる。着るものも愛を着せる。そういうことではないでしょうか。

常夏の国の木には、冬のある国の木のような美しい年輪はできないそうです。寒い冬のある国で、雪折れしたらおしまいです。

雪折れせずに、寒い冬をまっすぐに受けて立って越えて行く時、木に年輪ができる。その年輪が木を強いものに守ってくれる。その木が材木になった時、木目として木を飾ってくれる。人に年輪ができる時はいつなのか、お互いさまに、思うようになることしか考えていない。

思うようになるだけの人生は、年輪のない常夏の木のようにつまらないものになるでしょう。悲しみや、苦しみや思うようにならないことに出会った時、私に年輪を作っていただける、私の魂を深まらせていただける時と、喜んで頂戴し受けて立っていく。そういう生きざまを、子供さんに小さい時から植えつけてやっていただきたいのです。

それには、親がまず、この姿勢で生きていただきたい。お母さん方、お父さん方が、まず一人の人間としての生きざまをきちっと決める。それが何よりの子供さんへのプレゼントです。その上で、子供さんを鏡として拝みながら、明日の世界を背負って下さる子供さんを、心の豊かな子に育ててやっていただければと、切に願うことです。

Ⅵ　命の大黄河の流れのなかで

天地いっぱいのおかげ

このごろ、『宇宙からの帰還』という本を読みまして、大変いろいろ学ばせてもらいました。酸素だけあったら生きられるんじゃないかと思っておりましたら、そうじゃない。酸素だけあっただけじゃ呼吸はできない、気圧というものがなければ、呼吸はできないということも知りました。

気圧というものは、地表で七六〇ミリだそうです。それが、高度五千メートルくらいまで上がると、気圧が半分の四〇〇ミリぐらいになる。さらに、一万メートルぐらいまで上がると、気圧が二〇〇ミリぐらいに下がる。そうだんだん下がっていって、高度二万メートルぐらいまでくると、気圧が四〇ミリまで下がる。

そうしますと、私どもの体温が沸騰点なんですね。高度二万メートルの気圧四〇ミリというところにいくと、体温が沸騰点になる。私どもの体は、七〇パーセント以上が水分なんです。ですから、その水分がこのままで気化してしまう。目や鼻などから水分が全部気化して、風船のように体がふくらみ、爆発してしまう。これが、宇宙空間において万一、事故が起きた場合の、一番の死の原因であろうというんだそうです。

科学に弱い私は、高山病というのは、酸素が足りなくて、呼吸ができないのかと思っておりましたら、そうではなくて、気圧が足りなくて呼吸ができない。そんなことも知りました。

酸素があっても、気圧がなくては生きてはいけないのだ。その気圧のおかげで、たとえば太陽がなければ生きてはいけないけれども、太陽を生の女神、命の女神にしてくれているのは、気圧なのです。直接太陽が当たったら、摂氏百三十度まで上がって焼け死んでしまう。いっぺん太陽が隠れたら、零下百四十度まで下がって、凍え死んでしまう。

太陽そのものは、死の神だ。それを生の神にしているのが、気圧なんだ。気圧が温度をやわらげたり、冷たい空気から守ったりしてくれている。

気づいていようといないとにかかわらず、酸素のおかげ、気圧のおかげ、太陽のおかげ、あらゆるもののおかげ、天地いっぱいのおかげをいただいて、私は刻々に生かされている。この地上にあるすべてのものが刻々にそのなかで生かされているのですね。

松葉は風が吹く

長野県の小諸の懐古園に横山祖道さんという、草笛を吹いておられた方がいらっしゃいましたね。沢木興道老師のお弟子さんです。数年前に、亡くなってしまわれました。以前、テレビで横山さんと私が「草笛説法」という題で対談することになりまして、プロデューサーの方と一緒にその下相談にまいりました。

ご存じのように、横山さんは農家の納屋に起き臥しをして、懐古園に毎日通っておられました。懐古園の、笹が五、六本立っている前の芝生が、お住まいというわけです。そこで坐禅をしたり、鍋をかけてうどんをあたためて召し上がったり、という生活をしておられます。

私どもがまいるというので、懐古園の中の枯れ草・枯れ枝を集めて、待っててくださいました。そして、お座敷があるわけじゃないんですが、笹藪の前の芝生の上にナイロンの風呂敷を敷いて、「さあさあ、こちらへ」というわけなんですね。

そして、そこに欠けた七厘に、集めておいた枯れ枝をもって火をつけて、手のとれたような鍋に水を入れてかけておく。そして、一生懸命煙を私の方にむけてあおいで、「電気やガスの今の時代に煙はごちそうだからね」と言われる。

そこで話してくださったのが、「この地上に住むすべての人も、動物も草木もみんな、大空というひとつ屋根の下の、大地というひとつ床の上に住む兄弟、仲間じゃないか。それなのに、境界線をひいたり垣根などつくって、われと彼と区別をするから、取っただの取られただのという争いが起きる。みんな、大空というひとつ屋根の下の、大地というひとつ床の上に住む兄弟、仲間じゃないか」

そんな話をされたことが、大変心に残っております。そのうちにお湯が沸きました。ずだ袋の中から汽車弁のうどんのどんぶりを出されて、「これは、太閤秀吉の使った茶碗だ」と言って、お茶をたててくださった。砂糖のナイロンの袋に、ようかんを二切れ切ったものを持ってこられた。枯れ枝を二本、箸の長さに寸法をそろえて、「これは利休さんが使った箸だ」と言って、それで、ようかんをはさんで下さった。

豊かさのきわみの中で、心貧しい生活をしている現代世界の中で、住む家もない、そういう青空を屋根として、大地を床として、そういう中でたてていただいた汽車弁のどんぶりのお茶は、なんとも心に限りないぬくもりを頂戴する思いで、味わわせていただいたことです。

お茶をたててくださりながら、祖道さんのふるさとは東北なんですが、東北、最上川のほとりのふるさとの話をしておられるのかなあと思うと、そうじゃない。どこもふるさと、宇宙いっぱいわがふるさとという話に転じていく。

そして、目の前にそびえる浅間山も富士山も、わが家の築山だとおっしゃるんです。豊かな話ですね。宇宙いっぱい、わが家の庭であり、わが家の築山であり、どこに咲くたんぽぽもわが庭のたんぽぽなんだと。そんな豊かなお話なんですね。

「なんの葉でも草笛を吹ける」と言うと、子供が「松葉でも吹けるか」と聞いたそうです。それでこう答えられたそうです。

「松葉は、私が吹かなくても、風が吹いてくれる」

私は、うなりましたね。その言葉を聞いた時に。そして思いました。祖道さん自身が吹く草笛も、祖道さん個人の草笛じゃないなと。天地いっぱいが祖道さんをして吹かしめている草笛なんだなと思ったことです。

この祖道さんとテレビの「心の時代」に出演するにあたって、なにか肩書きをつけなければいけない。私はそれなりの肩書きがありましたが、祖道さんは肩書きがないから、それじゃというので、「太陽山青空寺住職」ということで出られたんですね。ところが、そのテレビをみた全国の方々から、太陽山青空寺はどこにあるんですかという問い合わせがきて、困ったといっておられました。非常に心に残る方でした。

永六輔さんの詩に、
生きているということは

誰かに借りをつくること
生きているということは
その借りを返してゆくこと
誰かに借りたら
誰かに返そう
誰かにそうして貰ったように
誰かにそうしてあげよう

人は一人では生きてゆけない
誰も一人では歩いてゆけない

という詩があります。この詩を読みながら、私は思いました。誰かに借りたら、誰かに返そうというけれど、返す力も天地いっぱいの借りものじゃないか。結局は借りっぱなしじゃないか、つくづくそう思ったことです。

こういう天地いっぱいに刻々に生かされて、という姿、これが生かされている命の空間的角度から見た場合です。時間的にまた無限の命をいただいて、今ここにあるという、それを、次に考えてみたいと思います。

命の大黄河

京都大学の元総長の平沢興という方が、「人類は、この命いただくまでに、三十数億年という進化の背景がある」、そんな話をされました。

この地球が生成されて四十五億年と、一般的に言われております。この四十五億年という地球の歴史を一年にたとえる。そうすると、アメーバであろうと何であろうと、確かな動く命というものがこの地上に現われたのは、五月くらいだというんですね。

それから営々として命が無限の進化をとげていって、こういう人間の姿をとってきたのが、十二月三十一日の夜の十時すぎだというんですね。したがって人類というのは、地球上の一番新参ものだというんですね。その一番新参ものの人類がこの地球上に出てきたとたんに、横暴をきわめ、この地球上を自分から住めないものにどんどん破壊してしまっている。大先輩の弱小動物たちを絶滅に追いこんでしまっている。まさに「人類よ、おごるなかれ」です。これをくり返し、このままいったら人類自身もこっぴどい仕返しをもらわねばなりませんでしょう。

こうして話すことができる、聞くことができる、考えることができる、歩いていらっしゃることができる、立つことができる、書くことができる。ひとつひとつの行動の背景に、三十数億年という命の進化の歴史があるのです。そのものすごい財産を頂戴していればこそ、書くことも見ることもしゃべることも、できるのです。全部の人が、そんな大変な財産を生まれながらに頂戴し、刻々にそれをただでなんとも思わずに使わせていただいているんだというんですね。

その三十数億年という時間があまりに長すぎて頭にピンとつかめません。そこでなんとか具体的につかむ方法はないかなあと考え、千年を一ミリに換算するという方法をとってみました。そうすると、西暦紀元一九八七年、約二千年、約二ミリです。キリストがお生まれになって約二千年で二ミリ。お釈迦様がお生まれになって約二千五百年で、約二・五ミリですね。

これに比べるに、三十数億年という命の進化の歴史は、三千メートル余りと出ました。千メートルのグラウンド三周の長さ、それだけの命の背景を皆頂戴して、今日があるんだということです。

「大黄河」というテレビの連続ものがあって、皆さんよくご覧になっておられるんじゃないかと思います。私も見たいと思いながらまったく見る暇がなくて、見たことがないままに、「大黄河」のスクーリングというのに出て話をしろということになってしまいました。

やむなくこんなことを申しました。「大黄河」というからには、中国の黄河を中心にした文化の流れのあとづけであろうと思う。遠い中国の昔の話を知識の先で覚えてみても、あまり役に立たないのではなかろうか。そんなことよりも、お互いさま一人一人が、三十数億年という人類の命の大黄河の終着点、総決算の命をいただいて今ここにある。人類の命の営々として、進化を続け、努力をしてきたその総決算の命をいただいて今ここにある。お互いの今がある。どう生きたらよいのか。そのことを問うことの方が大切なことではないでしょうか。そんな大変な命をいただいていることに気づかせていただくと、いいかげんな生き方をしては、相すまないという気持ちになるんじゃないでしょうか。

これからの人類の命の大黄河がどこまで流れ続けていくか知りませんけれども、その未来に流れ続けていくであろう大黄河の出発点にいる私、どう生きたらいいのであろうか。そのことを問う方が大切なことであろうと思います。

これは先ほどの天地いっぱいの命という空間的角度から見たのに対し、無限の時間という角度から今、ここに生かされている命を見つめてみよう、というお話です。そこにおのずからどう生きるべきかの答えも出てくるはずです。とにかくそういう大変な命をいただいて、お互いに今、ここに刻々にありうること。生かされてありうることを考えなきゃならないということです。

人間の可能性

平沢先生は、さらにこうおっしゃるんですね。

「私どもは、生まれながらにして百四十億という数の脳神経細胞をいただいている。だから、全部の人が天才になる可能性をもっている」というんです。やれないんじゃない、やらないだけなんだというんですね。

ノーベル賞をもらったことのあるすばらしく頭を使ったといわれる学者でも、五〇〜六〇パーセントしか使っていないという。というと私たちは、なんにも使っていないということになるかもしれませんね。それほどにすばらしい可能性をいただいて生まれてきていながら、ほとんど使わないで一生を終わってしまったのでは、まことに相すまないことだと思うんですけどね。

とにかく、すばらしい可能性をいただいて生まれてきているというのです。その、あらゆる可能性を持っている百四十億の脳神経細胞も、育てなければ零にひとしく、しかも、これを一生使っていく土台作りは、三、四歳までで完了だという。これもまた大変なことです。三つ子の魂百までというけど、本当にそういうことで、三、四歳ぐらいまででほとど完了で、その後は手遅れだという。

諸説あると言われていますが、昔、話題となった、インドで狼に育てられた「カマラ」と「アマラ」という二人の少女がいますね。六、七歳まで狼に育てられた。キリスト教の牧師さん夫婦に見つけ出され、せっかく人間の命をいただいて生まれてきたのだから、なんとかして人間らしく育ててやりたいと、一生懸命二本足で歩くことを教えたり、人間の言葉を教えたりしましたけれど、ついに人間らしく歩くことも、しゃべることもできませんでしたね。

昼間のうちは、部屋の隅の暗いところに目を光らせてうずくまっている。夜になると、よつんばいで走り廻って遠ぼえをする。お姉さんが遠ぼえをすると、妹も遠ぼえをする。狼の域から一歩も出られないままで、十数歳で死んでいきました。

三十数億年というそんな大変な命をいただき、あらゆる可能性を秘めた百四十億という脳神経細胞を頂戴して、人間の命として生まれてきても、狼に育てられたら、狼になってしまうのです。しかも、三、四歳までというのは、本人では何ともならないときで、全面的に育てる側に責任があることを思います時に、子供を育てる大人の責任、親の責任を思うことです。

ある青年が、結婚適齢期になっても、どうしても夜尿症が治らない。そのためにお嫁さんを迎えられない。この青年はなんとか治したいと、あちこちの診療所を廻った。体の上の欠陥は何もないという。廻り廻って、最後に九州大学の心療内科へ廻ってきた。

そこで、先生がどういう調べ方をしたかというと、催眠術にかけて、ずっと年齢を戻して調べるという方法をとったというんですね。私どもの脳神経細胞というのは、皆忘れてしまっているようでも、テープレコーダーがすべてを刻みこんでいて、逆戻しして調べることができるように、全部を記憶しているんだそうです。

彼を催眠術にかけて、「二十歳になったよ、十五歳になったよ、十歳になったよ、……」と、ずっと年齢を戻していく。専門家は、何歳何年何月まで割り出すことができるそうです。一歳何カ月というところまでいった時に、先生が「ぼうや、どうしておしっこするの」と聞いたら、その一歳何カ月の状態に戻った青年は、

「あっ、お母ちゃん、ぼくのおっぱい、隣のNちゃんにやっちゃった。おしっこしてやれ」と、叫んだそうです。

このぼうやのお母さんは、おっぱいがとても豊かで、一人では飲み切れないほどだった。お隣のぼうやがおっぱいが足りなかったから、善意をもってわけてあげたんだけれど、わけてあげるときのわずかな心遣いが足りなくて、自分のぼうやの目の前で隣のぼうやをだっこして、おっぱいをふくませてしまったんですね。

一歳そこそこのぼうやにとっては、お母さんをとられたと思ったんですね。とられたお母さんの関心を、なんとかして自分の方へ取り戻す唯一の方法は、おしっこをするしかなかったんですね。傷つけた方のお母さんも、原因がわからない。傷つけられた方のぼうやも、原因がわからないままに、夜尿症が治らないという後遺症は、二十数年続いたというんです。その原因がわかりました。

それからいったいどういう治療をしたかというと、ミルクをたくさん取り寄せて、哺乳びんに入れ、いやがる看護師さんに、一歳何カ月まで戻した青年をだっこさせまして、「おかあさんのおっぱいは、あなた一人のものですからね。誰にもあげないからたくさん飲みなさいよ」と言わせて、哺乳びんをくわえさせたそうです。体が大きくなっているから、たくさん飲んだそうです。

たくさん飲んで、もう十分と離すまで飲ませて、それから年齢を元に戻し、催眠術を解くと、本人は何をされたかわからないんだそうです。そういう治療を三回したら、夜尿症は治ったというのです。

こういうような話は、いくらでもあるというんですね。しかし、そんなお話を聞いた時に、三、四歳までという一番大事な頃に、その子供の力ではどうにもならない頃に、その子供を囲む両親、周囲のおじいちゃん、おばあちゃん、家族全員の、それこそ善意であってもわずかな心遣いの足りなさがそれほどの影響を及ぼすんだということを知りました時に、どれほど努力して、気をつけて育てても足りないほど、大人の責任は大変なんだなとしみじみ思わせられたことです。

お互いさまに気づくと気づかないとにかかわらず、天地いっぱいが総力をあげて生かして下さっている命、さらに三十数億年の総決算という命の重さ、貴さに気づいたら、いいかげんな生き方はできなくなる。仏様の方向へ、向けないではおれなくなるのではないでしょうか。少しでも長く生きた大人たちが、若者たち幼い者たちに、その命の貴さを気づかせて、どっちへむけて噴射していいか命の方向づけをしてやらねばならないのじゃないかと思うんですね。

坊主地獄

一昨年、九州の別府へ講演旅行にまいりました。講演の合間をぬって、地獄谷巡りをさせていただきました。行かれた方もおありかと思います。地下から噴出してくるエネルギーを利用して、熱帯植物を育てている場所もある。温泉となって、人々の治療をしている場所もある。台所へいけば、菜っぱや卵をゆでたり、お役に立っているわけです。

血の池地獄とか海地獄とか、いろいろありまして、順にご案内いただきまして廻ってゆきましたら、「坊主地獄」というのがありました。私ども坊さんばかり三、四人を案内してくださった人が大変困った顔をしながら、「これは坊主地獄といいます」と言うんですね。ドロドロの粘土質のところへ噴出するものですから、粘土を持ち上げた格好が坊さんの頭にそっくりで、あっちもこっちも坊さんの頭みたいなものが持ち上がっている。そばに立て札が立てられてあって、「危険だからそばに寄るな」と書いてある。持ち上がったのが、やがてパチンと割れてドロを飛ばして、危険だからそばに寄るなというんですね。囲いも立て札もドロだらけでした。

その程度の危険ならたいしたことないけれども、たとえば大島の大爆発になりますと、村も町も人も飲みつくすほどの大惨事になりかねない。

地下からの同じひとつのエネルギーが、出る場所によって、大変すばらしいお役にも立てば、迷惑を引き起こすもとにもなる。もとはひとつのエネルギーも、出口が違っただけで、こんなにも違ってしまうんだなあということを学ばせていただきました。天地いっぱいからのさずかりのこの命、仏のほうに向くのも鬼のほうに向くのも、出口が違うだけだったなあと。

天地いっぱいからの、あるいは三十数億年の命の総決算として頂戴している、その力なんだと気づかせてもらったら、迷惑な方向、鬼の方向へは使うことができなくなる。そんな大変な命をいただいたら、どう生きたらよいのか、仏さまの方向へ向けて噴射しないではおれなくなる。悔いのない方向へ、皆さんに喜んでいただける方向へ、自分で自分の命が拝めるような方向へ、命を噴射しないではおれなくなる。

自分の命と思うから、親が産んだ命だと思うから、粗末になる。そうじゃない。親を縁として生まれてきても、その背景に天地いっぱいがあるんだ、三十数億年の命の背景があるんだと気づいたら、いやでも方向が変わってくるんじゃないでしょうか。そんな大変な命をいただいて、ではどう生きたらよいか。刻々にどう生きたらほんとうの幸せな人生なのか。

三かく長者の願い

インドに三かく長者と呼ばれた長者がいました。恥かく、義理かく、欲かく、というので、三かく長者と呼ばれたのですね。それほどまでにして、一代のうちに大変な財産をつくりました。金さえあれば、だいたいの悩みは解決して、幸せはあがなうことができる。そう思って、大変な財産をつくったのです。

この三かく長者が、いよいよ寄る年波がきて、お迎えがくる段階になって、おくればせながら気がついたんですね。三かく長者といわれてまでかき集めたこの財産、いざという時、ひとつも持っていかれない。みんな置いていかなきゃならんということに気がついたんです。

それで自分の息子に、「私の葬式を私の言う通りにしてくれるか」と、聞きました。

「お父さんのおっしゃる通りにいたしましょう」と、息子は答えました。

どうしてほしいのかといいますと、棺の両端に穴をあけて、手を出してくれという。三かく長者の願いは、これほどかき集めた財産も、逝く時は空手で何にも持ってゆけない、みんな置いていかなきゃならん。こんな生きざまを二度としなさるなよと。そのことを後に残ったものに伝えたかったんですね。

息子は、お父さんの言われる通りに、棺の両端に穴をあけて、お父さんの手を出した。百万長者の葬式だから、どんな葬式がでるかと、みんなが沿道に出て待っていた。棺が来た。手が出ていた。人々はなんと言ったかというと、「まだ足りなくて、もっとほしいと言って手を出している」と。そうとしか見てもらえなかったというんですね。

笑いごとではない。私どもも、三かく長者と似たようなことをしてはいないかどうか。私どもも自分がああなったらこうなったらと、一生涯苦労して働いている、求めている。その内容は、よく考えたら全部持ち物ばかり、いざという時、置いていかなきゃならないものばかり。脱いでいくものばっかりです。

小さい時は、ガラガラのおもちゃぐらいで満足していた。それが少年期になり、青年期になり、だんだんと自転車がほしくなる、自動車がほしくなる、異性がほしくなる、財産がほしくなる、名誉がほしくなる……。年齢とともに持ち替えていく持ち物の、年齢とともに着替えてゆく衣装にすぎないのではないか。

ひどい言い方かもしれませんが、奥様もだんな様も子供も、持ち物であることに変わりありません。持ち物であるかぎり、山と積まれた財産が借金に変わる日が来るのも当たり前、愛が憎しみに変わる日が来るのも当たり前、死んでゆかねばならない日が来るのも当たり前。

いざというとき置いてゆかねばならないものばかり、脱いでゆかねばならないものばかり。そんな中途半端なものを、最後の幸せと思って追い求めている人生観そのものが、はじめからまちがっているわけです。

言葉をかえて言えば、それらはすべて、私の生きてゆく上での付属品にすぎない。かけがえのない一生を、付属品集めで終わってしまうのは、いかにも残念なことです。

大切な持ち主の私、衣装の着手の私が、スポッと忘れ去られている。その持ち主の私の命も、明日は保証されていないのだから、今日、ただ今の生きざまを、一刻も早く問わねばならないのではないでしょうか。

心の身じたく

一昨年、私の寺で小さな厨房の増築をいたしました。その増築をしてくれました大工さんの奥様のお父さん、七十歳で大変お元気でした。元気で夕飯もあがり、お風呂にも入って、そして出てこられて、コロッと亡くなられたのです。あんまりコロッと急に逝かれたので、その奥さんはびっくりして自分のことと受けとめたんですね。

これはすばらしいことです。私どもはいくら身近な人が亡くなっても、なかなか自分のことと は頂戴できないものです。

その奥様は、お父さんが亡くなったのをみて、自分のことと受けとったのです。そして、お迎えの準備をした。旅立ちの身じたくを上から下まで、全部新しいものをふろしきに包んで、ご主人の分と自分の分と両方つくってそれぞれメモを入れ、いざというとき、これを着せてちょうだいと、子供たちに言おうとして、ちょっと早すぎると思ったんでしょうか、私に聞きに来ました。

「おじいちゃんがあんまりあっけなく逝ってしまったので、私たちはびっくりして、旅立ちのしたくをしました。上から下まで新しいものを一揃え準備して、ふろしきに包んで中にメモを入れて、子供にそれを言おうと思っているんですが、早すぎるでしょうかね」と言うんですね。

私はこう答えました。

「それは結構なことだ。決して早すぎることはない。早いほうがよい。しかしながら、私はふろしき包みひとつも準備できていないけれど、それはいざというときの身じたくだ。それも大事だけれど、もっと大事な準備は、いつお迎えにきていただいてもいいような毎日、毎時間の生き方をすることの方が、もっと大事なお迎えの準備ですよ。子供さんにそのふろしき包みを渡す時に、その言葉をそえて渡してください」

このお嫁さんのお姑さんは十数年寝たきりで、寝返りも打てない。その人の看病もしている。コロッと逝く人と、十数年寝たきりの人と、両方みることができるということはすばらしいことです。私のいざというときの準備ができますからね。

今の時代は、病人は全部病院に預け、老人は全部老人ホームに預けてしまう。自分の周囲に毎日見ているのは元気な姿ばかり。これでは、自分の老いていく準備ができない。死を迎える心の準備ができない。

目のあたりに老人や病人のお世話をさせていただくということは、私の明日の病む時の、老いる時の、お迎えが来たときの、準備ができるということです。何の準備もできないままに、必ずそれも突然に、お迎えが来たとき、目にあまる悲惨な姿になります。いつお迎えに来ていただいてもいい準備、病んでもいい準備をしておかなければなりません。

この奥さん、さいわいに十数年寝たきりのお姑さんのお世話をした。大変だったでございましょう。それで、「寝たきりは、本人も大変、看病する方も大変だから、できたら私はコロッと逝きたいです」という言葉がでてきました。

そこで私は、こう言いました。

「それはだれしもの願いだけれど、いくら頼んでみても祈ってみても、寝たきりになるかもしれない。どうなるかわからないことを祈るよりも、もっと大切なことは、今ここの生き方、死に方に、条件をつけないということです。いくら条件をつけたって、その通りになりはしないんだから。天気になってほしいなあと思ったって雨になる時もある。雨になってほしいなあと思ったって、天気になる時もあるのですから」

人生全部、健康も病気も、失敗も成功も、天気も雨も、平等にそろっているのが、人生の道具だて。その中で、人間だけが勝手に、失敗はかなわない、病気はかなわない、いい方だけほしいと願うわけですが、それは身勝手な話ですね。大事なことは、降ってもよし、やんでもよし、寝たきりでもよし、いっさい条件をつけない。あくまで無条件で受けて立ちましょうという覚悟が決まることです。

この生きざまを、私の好きな句で言いかえますと、「投げられたところで起きる小法師かな」ということになりましょうか。

起きあがり小法師。だるまさんですね。だるまさんがポンとほうり投げられた。投げられたところが、泥んこであろうとごみ溜めであろうと何であろうと、私はこんなとこはいやだ、もっといいところ、絹の布団の上でなきゃいやだと文句を言わない。いかなる条件のところにほうり投げられても、そこをわが住み家と、姿勢を正して受けて立つ。

寝たきりになったら、寝たきりを修行する。逃げずにまっすぐに、寝たきりを受けて立ちましょう。寝たきりになってみなきゃわからない人生の姿を、見せてもらいましょう。味わわせていただきましょう、と腰をすえる。失敗してみなきゃわからないその世界、病んでみなきゃわからないその世界を積極的に学ばせていただきましょうという姿勢。

健康も病気も、失敗も成功も、全部同じ姿勢で受けて立って、逃げたり追ったりしない。私どもはよいことは追いかけ、いやなものは逃げ、あるいはやりきれないことは助けてもらいたいと、応援を求めてきょろきょろし、うまくゆくと高慢になり、ひとつまちがうとダウンしてしまうというように、姿勢がいつでも崩れています。そうではなく、いかなることも、そのことのおかげでこんな人生の展開ができたというような生き方がしたいものだと、そう思います。こういう生き方、それが「投げられたところで起きる小法師かな」

ということになります。

四運を一景に競う

中国の唐時代の、香厳智閑という人の偈に、次のようなものがあります。

百計千方　ただ身のためにす

知らず　身は是れ塚中の塵なるを

言うことなかれ　白髪に言語なし

これはこれ　黄泉伝語の人

一生を生きていく上において、私どもはいろんなことをしてまいりますね。しかし、そのひとつひとつをよく点検してみたら、全部わが身よかれと、わが身かわいい、あるいは子や孫や夫婦のように私の命の延長線のもののためによかれと、そのことのためだけに生涯を費やしている。たとえば世のため、人のためと大言壮語しましても、廻り廻って私の方に、帳尻がちゃんとあうことでなきゃ、私どもは何もしない。それほどに私どもはけちなものなんですね。それが、「百計千方　ただ身のためにす」ということです。

それほどまでにやっても、「知らず　身は是れ塚中の塵なるを」。人を悲しませてまでも、わが身かわいい思いで自分の付属品集めをやっての生涯。その最後のとどのつまりは、行きつくところは、墓の一握りの土になるだけだというんですね。

言うことなかれ　白髪に言語なし
これはこれ　黄泉伝語の人

白髪に言葉がないと思っちゃいけない。黄泉の国、あの世からのお迎えの人なんだと。白髪が一本ふえた、そろそろお迎えに行ってもよろしゅうございますか、また一本ふえた、準備ができましたか、ということづけの人だというんですね。頭中、お迎えが来たって準備ができないというのが、私どもの実際の姿でございます。

私もだいぶん白髪ができましたが、私どもはいいんですね、剃ってしまえばわかりません。皆さんは、染めたり抜いたり。私どものように剃ったり、あるいは染めたり抜いたりして人の目はごまかすことができても、お迎えが来ていること自体は、ごまかしがきかない。白髪に言語なしと、これはこれ、黄泉伝語の人とみるわけですね。

私どものお寺の総代で、少し年配の方がいらっしゃいます。ご近所で亡くなられる方が続いたので、この次は自分が順序なのではないだろうかという気がして、どうも落ち着かない。それで私に、「みんなにお迎えが来て、次は私の番ではないかと思って落ちつかない。落ちつかないから、玄関のところに、いつも留守と書いておく」と言うんです。「『いつも留守』と書いておくぐらいで帰ってくれるお迎えならいいけれども、このお迎えだけはちょっと来てもらっては困るところにいるときでも、いつも予告なしに、待ったなしでお迎えが来るのでね」と言ったことです。

いつ、お迎えが来てもいいように生きるにはどうしたらよいか。「今ここで、私がどう生きるか」、この一言につきると思うのです。「いつか、どこかで誰か」の話じゃなくて、「今ここで、私がどう生きるか」の一言につきるんじゃないでしょうか。

いつお迎えが来ていただいてもいいような生き方をするには、どうしたらいいのか。持ち主私の、その私自身も無常の命を生きているから、いつお迎えが来るかわからないから、明日を期さない。もちろん、後ろ向きではない。すんでしまったどうにもならない過去を背負いこまない。まだ来ない未来をかかえこみ、前のめりにならない。持ち主、私の刻々、今日ただ今をどう生きたらよいかのみを問いつづける。これよりほかにないでしょうね。

私たちはとかく、過去が華々しくて今が悪いと、過去をもってきて今のかざりにしようとする。反対に過去がつまらない生き方をしてしまったとき、その過去を背負いこんで、今が立ち上がれない。それではマイナスを二重にしていることになる。そうではなく、どんな悲しいつらい過去も、今日の生きざまひとつで光ってくる。「泥多ければ仏大なり」という言葉がありますが、悲しみ苦しみは、いわば泥、泥は仏をつくる材料、泥を肥料として花を咲かせる。どんな過去も、つまらんということはない。全部肥料に転ずることができる。

逆に、過去がどんなにすばらしくても、今がだめならだめなのです。過去をよくするも悪くするも、今日どう生きるかにかかる。明日、明日の花が開くかどうかも、今日、ただ今の生きざまにかかる。今日ただ今がどうかで、開くべき扉もしまってしまったりする。

　過ぎ去れるを追うことなかれ
いまだ来たらざるを念うことなかれ
過去　そはすでに捨てられたり
未来　そはいまだ到らざるなり
ただ今日　まさになすべきことを　熱心になせ
たれか明日　死のあることを知らんや

これは、お釈迦様の『中部経典』に出てくる言葉ですね。

みつめるべきものは、持ち主私の今日ただ今の足もと、今日ただ今、どう生きたらよいか、この一言につきるわけですね。

それをたった一言に表現いたしますと、先ほども言いましたように、「投げられたところで起きる小法師かな」ということができましょう。授かったその場所がいかなる所であろうと、逃げず、追わず、背比べせず、姿勢をくずさず、一切条件を言わずに、積極的に受けて立つ。

どんなに頼んでも願っても、降る時は降る、やむ時はやむ。失敗する時もある。雨も風も、病気も健康も、愛も憎しみも、全部準備されているのが人生の道具だてだから、私の都合のいいものだけほしいというのは勝手な話。どれに対しても、同じ姿勢で、ひとつひとつを大事にしっかりと四つに組んでつとめさせていただく。この姿勢がきまる。これが最高に幸せなことであろうと思います。

こういう生き方を、道元禅師は『典座教訓』の中で、「四運を一景に競う」という言葉でお示しになっておられます。

「春声に引かれて、春沢にあそばず、秋色を見るといえども、さらに秋心無し。四運を一景に競い、銖両《しゆりよう》を一目に視る」

金がもうかった、一流校に入れた、好きな人と一緒になれたなどという心にかなうこと、これが春声です。心にかなうことに会うと、うきうきと酔いしれて、春沢に遊びほうけてしまうのが私どもの姿です。逆に倒産した、仲間から落伍した、病気になったなどというのは秋色で、そういう心にかなわない凋落の秋に会うと、生きた心地もなく落ちこんでしまいます。あるいは寒風吹きすさぶ厳寒のようなときもある。どんなときも、追わず逃げず、ぐずらず、同じ姿勢で立ち向かってゆけというのが、「一景に競う」という生きざまなのですね。この生きざまをお歌にたくされたのが、

春は花　夏ほととぎす　秋は月
冬雪さえて　冷《すず》しかりけり

のお歌だといってもよいかと思います。春は花ですずやかに、夏はほととぎすですずやかに、秋は月ですずやかに、冬は雪ですずやかに、人生のすべてを同じ姿勢ですずやかに受けて立ってゆく生きざま、そんな生き方ができればいいなあ、と思うことです。

Ⅶ　生かされて生かして生きる

数年も前のことですが、過労も重なりまして、一カ月の間に二度もねんざをしてしまいました。二度目は、またねんざをしては大変だと無理をして、逆に腰までひねってしまい、寝返りも大変という中で、たくさんのことを学ばせていただきました。せきをしても足までひびく。あくびをしても腰までひびく。そんな自分の体を通して、なるほど、せきやあくびは口でするものだと思っていたけれど、体全部が総力をあげてするものなんだなあ、と気づかせていただきました。

同時に、体全部に手伝ってもらってせきひとつ、あくびひとつすることができるのだけれども、代わってはもらえないのだな、足ではせきはできない、腰ではあくびはできない、やっぱり口でしかできないのだな、ということに気づかせてもらいました。これを私ども禅門の専門の言葉を借りますと、体全部が総力をあげてせきひとつ、あくびひとつする方を「回互《えご》」といい、決して代わってもらえない方を「不回互《ふえご》」といいます。

これを時計にたとえて、もう一度考えてみましょう。ここに古風な時計があります。一、二、三、四、五という文字盤を長短二つの針がめぐっております。この長短二つの針をおさえているピンの長さは、百分の一センチだといいます。百分の一センチなどという長さは目に見えないほど小さいものです。この小さなピンが、「私、そんな目立たないお役、ご免こうむりたい。もっと目立つお役がほしい」と言ってストを起こしたら、時計そのものが止まってしまいます。つまり、百分の一センチのピンは、この時計全部の命を双肩に背負って、百分の一センチのピンの配役を勤めているのだということです。

逆に視点を少し変えて考えてみますと、百分の一センチのピンがどんなにすこやかに動ける状態にあっても、時計を構成しているたくさんの部品のどれかひとつが、たとえどんなに小さな部品であろうとそれが故障を起こしたら、動きたくても動けませんね。つまり、時計を構成している全部の部品が総力をあげて、百分の一センチのピンひとつを動かしてくれているのだということです。

これを仏教の専門の言葉で表現しますと、時計全部の部品が総力あげて、百分の一センチのピンひとつを動かすことにかかりきってくれていることを「一切即一」といい、また別の言葉を借りれば「生かされて」といえましょう。百分の一センチのピンが時計全部の命を双肩に背負って、今ここを勤める、これを「一即一切」といい、「生かして」といいかえることができましょう。

これは何も時計の話じゃありません。天地いっぱいが総力をあげて私一人を生かすことにかかりきってくれている。つまり「生かされて」です。私が今ここをどう生きるか、そのひとつひとつが天地いっぱいにひびきわたる。宇宙船に積まれている電波の受信機は、たとえばカルカッタで鳴いた蚊の声を、ニューヨークでキャッチすることができるほどの感度を持っているのだそうです。ということは、私どもの耳にこそとらえることはできなくても、私がこれほど大きな声で、しかもマイクまでも使ってしゃべっていれば、その電波は地球を幾まわりもするほどに大きな影響を及ぼしているということになる。ちょうどそのように、ひとつひとつの行動が、宇宙単位に影響しあっているということです。

「人」という文字も実によくできていますね。二本の棒からできています。一本では立つことのできない棒。互いに支えつ、支えられつして立つことができる。これが人間の世界、いや天地の姿であり、これを「縁起」と呼ぶのですね。「縁起が悪い」などという使い方をしておりますが、そんなことではなく、天地いっぱいが互いに相寄り相助け、かかわりあって存在している姿を、「縁起」というのです。

無財の七施

その「生かされて生きている」私どもが、ご恩返しとして「生かして生きる」上でのあらまほしき心がまえや、あり方のひとつとして、今日は「無財の七施」ということについて、ご一緒に考えてみたいと思います。

布施というのは、ある人がない人に何かをさし上げることではなく、生かされている私どもが、「ご恩返しとしてさせていただくのが布施」だと、かつて松原泰道老師がお説きくださったことを記憶しております。お坊さんにお経を誦んでいただいてお礼としてさしあげるのが布施だと思ったり、あるいはボランティアのように意図的に特別に何かをすることが布施のように、一般的には思われております。

しかし、そのものがただそこに存在しているだけで何かの役に立っている、それがすでに布施の姿であり、いや、むしろその方がほんとうの布施の姿かもしれません。何々のためにする布施などは、ひとつまちがうと、やった方は自己満足になるかもしれませんが、やられた方は心の負担になるということにさえなりかねません。こんなのはほんとうの布施の姿ではないと思うのです。

木がそこに緑の葉をしげらせている。ただそれだけで涼しさや空気の浄化や、根が水を吸うことで地表の水分のバランスを保つことや、小鳥たちの住居を提供するという布施をしていることになりましょう。アスファルトの道路は冬寒く、夏は焼きついてやりきれませんが、大地は、ただ大地として存在する、それだけで冬は熱を放出してあたたかく、夏は熱を吸収して涼しく、またすべてをいだきとり、はぐくみ育てるという布施をしてくれています。

今この部屋を見まわしただけでも、床や畳は、私どもの体を冷えや湿気から守ってくれ、柱は屋根を支えるという形で私どもに布施をしてくれ、屋根は日射病をおこさないように、また雨露にぬれないように、という働きをもって私どもに布施をしてくれています。また、着物は私どもの体をおおい、えんぴつや消しゴムはわが身をすりへらして私どものためにお役に立つという形で、布施をしてくれています。

一切の存在がそれぞれのお役を勤める、それがそのまま布施の当体であり、天地いっぱいの布施のただ中で、私どもは刻々に生かされているわけです。その私は、お返しとしていったいどんな布施をしているのでしょう。わが身よかれと、エゴのことしか考えてはいないかと、省みねばと思うことです。

具体的なお話に入りまして、布施には古来、「財施」と「法施」の二つがあるとされています。「財施」というのは物やお金の形で施すことであり、「法施」というのは、心とか教えとか行為の形で施すことと考えてよいと思います。その「法施」の一つと考えられるものに、「無財の七施」があるのです。

和顔施

その筆頭に出てきますのが「和顔施《わがんせ》」と「愛語施《あいごせ》」ですね。いついかなるときも、にこにことなごやかな顔を、ほほえみをたやさないようにしましょう、というのが「和顔施」です。自分の心にかなったとき、機嫌のよいときは誰でもほっておいてもにこにこしておりますけれど、悲しいとき、つらいとき、どんなときも変わらぬほほえみを、そして愛の言葉、いつくしみの言葉をかけあっていきましょうというのです。

数年前にマザー・テレサを訪ねて、二度目のインド訪問をいたしました。ご存じの通りインドという国は貧しい国でございます。その中でも貧しい方々が、カルカッタへ行けば何とか生きていけるんじゃないかということで、カルカッタへ集まってきて、カルカッタの町は路上生活者であふれているわけです。

平等を説かれたお釈迦様の国でありながら、カースト制度が今も残っているところですね。なんとしても職業にもありつけない、住むところもない人もいて、路上で生まれて路上で死んでいく。三歳でも五歳でも、歩けるようになったら、「バクシーシ、バクシーシ（お恵みを）」と、人の恵みにすがって生きてゆかねばならない。七十、八十歳になっても動ける限り、人の集まる所へ行って「お恵みを」と言って自分の力で生きていかねばならない。動けなくなったら行き倒れになるまで。病気になっても医者にかかるお金はない。そういう人があちこちにたくさんおられる。それがインドの実状です。

そういう人たちを、今生最後の一週間でも十日でも人間らしく介抱して、人間らしく天国に送ってやりたいというのが、マザー・テレサの大きなお仕事のひとつで、「死を待つ人の家」というのがそれです。そこで慣れない仕事を、私も少しばかり手伝わせていただいたのです。

手伝いというより足手まといになっただけのようなあり方ながら、それでもそこでの一日が終わり、ホテルへ歩いて帰ります。その道すがらのことです。フッと立ちどまったとたんに、それこそ地から湧きでたかと思うくらいのたくさんの貧しい人々に囲まれてしまいました。その人々が前から後ろから上から下から手を出して、「バクシーシ」「バクシーシ」と、叫ぶのです。何度もインドに行っておりますから、そのこと自体はあまりびっくりはしませんでした。非情なようだけれども、インドへ行ったらそういう方々に施しをしていると動けなくなるから、心を鬼にしてでも、ものは施さないようにというのが、インドでの常識的な注意です。けれども、マザー・テレサを訪ねてという、旅行の目的が目的でしたから、なんとかしてあげたいなと思って頭陀《ずだ》袋の中を探したのですが、その時は手拭いや前かけの他は何も入っていませんでした。

「何かしてさし上げたい。けれども、何もできなくてごめんなさい」という気持ちで、私は思わず「ナマステ」と、声をかけて合掌をいたしました。

インドの言葉で「ナマステ」というのは挨拶の言葉ですが、考えてみましたら「ナマステ」の「ナマ」というのは、「南《な》無《む》阿《あ》弥《み》陀《だ》仏《ぶつ》」の「南《な》無《む》」なんですね。「あなたを拝みます」というのが「ナマステ」の意味です。日常の「おはよう」も「ごきげんよう」も、インドではほとんどこの「ナマステ」で通るわけです。必ず合掌して「ナマステ」というわけです。「バクシーシ」「バクシーシ」とあちこちから手をだしてくる貧しい群衆に向かって、私は思わず「ナマステ」と合掌をしてインドの挨拶を贈りました。そうしましたら、どの人もどの人も「バクシーシ」とさし出していた手をひっこめ、うれしそうにニコニコしながら、合掌して、「ナマステ」と答えてくれたのです。そこで思わず歌ができました。


「バクシーシ」叫ぶ群衆に「ナマステ」と　なすすべ知らずただ手を合わす

「バクシーシ」とのべしその手が　「ナマステ」と合掌の手に変わりつるはや

貧しいうちに生まれた人たち、恐れていて物もらいをしなかったら、死んでいくだけ。いとわれ、振り払われても、「バクシーシ」と恵みにすがって生きていかねばならない人々。嫌われ、振り払われることはあっても、向こうから「ナマステ」と合掌して、挨拶の言葉とほほえみを贈られるということはなかったのではないだろうか。今日ももらえないかもしれない、今日も振り払われるだけかもしれない、と思いながら「バクシーシ」と手を出した。

その手に、アメ一つも一ルピーも、物をもらうことはできなかったけれども、思いがけなく「ナマステ」という言葉と合掌と、ほほえみがとびこんできた。思わず「バクシーシ」とさし出した手をひっこめ、にっこり笑って合掌して、「ナマステ」と答えてしまったということではないだろうか。物はさし上げることはできなかったけれど、期せずしてほほえみを施す「和顔施」に、愛の言葉を施す「愛語施」になっていたのではなかろうか、とあとで気づかせていただいたことです。

それから、「挨拶」という言葉の意味を改めて感じました。挨拶というのは、「挨拶申し上げます」というように、日常よく使われる言葉ですけれども、本来は禅の言葉で、「挨」も「拶」も、相手にせまり、引き出す、という意味をもっており、師家が学人を接得して、相手の中からもうひとりの相手を引き出し、目覚めさせる働きをいいます。

このからだ　鬼と仏と相住める

これは大阪の刑務所に収容されている囚人の句だということです。この体は条件次第では仏様も顔まけするほどすばらしいことをやってのける可能性ももっている代わりに、何十年修行をしてきたからといって、条件次第では人殺しをもしかねない可能性ももっている。これが人間というものです。親鸞聖人が、「さるべき業縁のもよおさば、いかなる振る舞いをもすべし」と、おっしゃっておられるお心ですね。

私どもは、とかく過去につまらない生き方をしてしまったとか、刑務所を出てきたとかすると、すぐ駄目な人というレッテルをはってしまったり、逆に長く修行してきた人だから大丈夫というレッテルをはったり、また自分自身に対してもそういう見方をしてしまいがちですが、ほんとうは過去はどうでもよいんですね。つねに今どうか、今行じているか、なんですね。今ここでどう行ずるかで、マイナスの過去もプラスに転ずることができるし、プラスの過去をマイナスにもしてしまうわけです。勝負はつねに今、ここにあるわけです。

いずれにしても、あらゆる可能性をもっている私たちが、その私の中から、あなたの中から、仏の方の可能性を引き出し、それに目覚め、それを自覚しての行動に導く、これが挨拶のほんとうの意味なんですね。

お地蔵様のお経

お地蔵様のお経を、ご存じかと思います。

オン　カカ　カビサン　マエイ　ソワカ

〈オン〉は「南無阿弥陀仏《なむあみだぶつ》」の「南無」と同じですね。「南無」は「南が無い」じゃないですよ。梵語の音訳で、意訳して「帰命」とか「帰依」といいます。一番大事な所に帰る、おまかせする、そういう意味ですね。〈カカ〉は「呵々大笑」の呵々で、笑い声です。ハハも音通《おんつう》で笑い声です。〈カビサン　マエイ〉は笑顔、ほほえみ、〈ソワカ〉は成就です。

お地蔵様というのは、すべてを「蔵する大地」と書きます。大地のことを英語ではグレイト・マザーと言います。つまり、母なる大地です。母なる大地の心を心として、誓願として、この世にお出まし下さったのが地蔵菩薩であり、そのお心を表現するお経が笑い声と笑顔で象徴されているということはすばらしいことです。

さらにここで気をつけておきたいことは、「カカさま」「ハハさま」は「お母様」を呼ぶときの日本の古来の言葉ですが、どちらも笑い声を指し、ここからつけられたすばらしい名前だということです。ところがこの頃のお母さまはどうでしょう。

福島県郡山市の全盲の詩人、佐藤浩さんは先年『お父さんはとうめい人間——お父さんこっちむいて』と題する、「お父さん」にかかわる児童詩百五十篇からなる詩集を刊行されました。佐藤さんは児童詩誌『青い窓』を三十年近く刊行してきた方です。その中で子供を囲む時代や社会の条件がどのように変わってきたかを、次のように整理しておられます。

一、子供たちから遠ざかったもの――自然、働く父の姿、母の笑顔

二、子供たちに近づきすぎたもの――公害、マスコミ

三、子供たちにのしかかってきたもの――学歴社会、テスト、宿題、習いもの

四、子供たちから消えつつあるもの――ガキ大将と遊び集団、三世代家族、家事労働

こういう中で育った子供がやがて大人となったとき、どんな大人になり、どんな社会を形成し、さらにどういう子育てをしてゆくのでしょう……。考えただけでも背筋の寒くなるのをおぼえます。

東井義雄先生が、子供たちに「お父さん」という作文を書いてもらおうと思い、目を閉じさせ、めいめい頭の中のテレビに「お父さん」の姿をうつしてみてくれないかと頼まれました。

一人の男の子が、目を閉じたままつぶやいたそうです。「テレビの前でねころんで……

週刊誌をもって……、お母ちゃんに叱られているお父さん」。爆笑とともに、「ぼくんちもそうや」「わたしんとこもそうや」と、級中おおさわぎになったという。これではお父さんの威厳はだいなしです。暁烏敏先生が、「十億の人に十億の母あらむもわが母にまさる母ありなむや」とうたいあげないではおれない母への思慕、母への讃歌は、そのまま父への思慕であり、父への讃歌でもあるのです。佐藤さんの本に、お父さんの働く姿を参観した子供の作文が紹介されています。

「先生、わたしはきのう、おかあさんと二人でおとうさんの工場へ行きました。

友だちのおとうさんが、どこかの課長さんだとか、放送局につとめているとかいうとき、わたしはいつもだまっていました。『わたしのおとうさんは工場のコックさんだ』というのが、なんだかはずかしくてならなかったのです。

でも、わたしは、きょうからそれが平気でいえるような気がします。おとうさんが、白い服装をして、コック帽をかぶって、いっしょうけんめい働いているのを見ました。やさいサラダのようなものをつくっていました。おとうさんは、びっくりするほど早い手つきで、てきぱきつくっていました。今まで、あんなおとうさんを見たことがありませんでした。何かよその人のような気がするくらいでした。でも、やっぱりわたしのおとうさんでした。おとうさんははずかしそうな顔などちっともしていません。わたしだけが、なんではずかしがっていたのかと思うと、なんかわるいことをしていたような気がしました。

お昼のサイレンがなると、おとうさんたちのつくったサラダを、大ぜいの工員さんたちが、待ちかまえていたように食べているのを見ると、わたしまでなんだかうれしくなりました。みんな残さずに食べてもらえるかと、じっとそれを見ていました」

じっと見守る子供の息遣いがきこえてくるようです。子供は働く父親の姿、働く父親の汗を心の栄養として成長するのです。こんな詩も紹介されております。

父の涙　江藤章仁

いつか僕が悪さをした時　父は怒った
本気でなぐった
そしてだまって　僕を見つめた
その時見たんだ　父の涙を
僕は父にしがみついたんだ
本気でなぐった　父の胸に

涙を流して本気でなぐってくれる父を持つことができたよろこびが、ひしひしと伝わり、涙を流しながらしっかりと抱きあう父子の姿が、目にうつるような詩でございます。

子供にとってかけがえのない、世にたった一人の父、世にたった一人の母が、最高に尊敬できる人、すばらしい人であることが、子供にとってどんなに大切なことか。毎日食卓にのぼせる食事、毎日着せる着物もさることながら、父母の生きざまそのものという精神的食物が、どんな内容であるかを考えなければならないと思うことです。

かつての教え子のMさんが結婚し、一児の母親となりましたが、いろいろとつらいことが重なり、離婚したいと言ってきました。私は一言だけ言いました。

「あなたはご主人を取りかえることができるかもしれないけれど、子供さんはお父さんを取りかえることができないのよ。子供さんにとっては、世界中にたった一人のお父さんであることだけは忘れずに行動してね」

Mさんはさらにこんなことも言いました。やりきれない思いのはけ口がないので、お風呂に入ったとき、一、二歳の子供に向かってお父さんの悪口を言い、愚痴をこぼして、気持ちをはらしている、と。言葉もまだ覚えず、何もわからないと思ってのことでしょうけれど、とんでもないことです。思わず私は叱りとばしました。

「とんでもないことをしなさるな。〝三つ子の魂百まで〟といって、一番大切なときじゃないの。言葉づらはわからなくとも、一番肝心なところは受けとめているはず。お父さんのことは、嘘でもよいからほめて話してやってちょうだい。子供さんにとってかけがえのない、たった一人のお父さんを、最高にすばらしいお父さんとして、子供さんの心の中に育ててやるのが、お母さん、あなたの責任です。そしてそのことが、子供さんの心をゆがみなく育ててゆくもっとも大切な条件なのですよ」

東井先生は、「子供の心の中にお父さんを育てるということは、家の中の『大黒柱』をゆるぎないものにしてゆくことである」とおっしゃっておられますが、父母、そして子供を囲む大人たちの、深く心にとめておくべき言葉であろうと思います。

ママ、もっと笑って

この佐藤浩さんは、その姉妹編ともいうべき『ママ、もっと笑って』を出版されました。昭和三十年代から六十年代にいたる約三十年間に、児童詩誌『青い窓』に寄せられた詩の中から、お母さんに取材した作品を選び出し、年代順に編集したものです。

佐藤さんは、その編集を通して改めて気づいたこととして、「遠ざかったのは母親の

『笑顔』だけではなく、その前に母親の目が子供の実像から遠ざかっている」ということを指摘しておられます。

これは一大事です。女性が家を出て社会に進出し、また、職業を持つことで生きがいある人生を送ることはけっこうなことでありますが、そのことのかげに子供や家庭が犠牲になってはいないか、明日の世代を背負う子供を育てるということにシワヨセがいっていないか、反省してみる必要があると思うのです。

男性と肩を並べて社会に立ち働き、生きがいを求め、仕事を追いかけ、金や名誉を追いかけ、疲れはてて帰るその肩に、さらに主婦業と母親業の荷物を背負いこむことは、いかにも重荷すぎましょう。つい不機嫌になり、またインスタント料理ですますということにもなってしまうのです。疲れた母親の耳にはもはや、子供やご主人の心の叫びは聞こえず、見えなくなってしまい、その結果、家庭は不毛の地となり、人間の心を育てる場ではなくなりつつあるというのが、現代の姿なのかもしれません。

おかあさん　古旗裕子

私のおかあさんは　私が学校から帰ると

「おかえりなさい」と

いつもにこにこしながら　いってくれる
どんな　おもしろくないことがあっても
「おかえりなさい」ということばで
もりもりと　元気になる
おかあさんの「おかえりなさい」ということばを
日本じゅうの三年生に　きかせてやりたいなあと
いつも私は考える

昭和三十年代には、まだこんなすばらしいお母さんの姿がいっぱいありました。ところが、それより十年たった昭和四十年代には、次の詩が示すようなお母さんへと変わってきたそうです。

おかあさんの顔　藤崎剛志

「勉強しなさい」また　お母さんにしかられた
ノートに　お母さんの　おこり顔を書いてやった
かみの毛がぼさぼさで　耳が立っていて
つのが出ている　まるで　鬼のようだ

ぼくは「ヒヒヒ」と　わらった
でも　あとで　ごめんなさい　と言った

この「ごめんなさい」の声が、家庭や子供から心が宙に浮いてしまっているお母さんの耳には聞こえない。そして昭和六十年代になると、お母さんが子供からさらに遠ざかっていくのです。

お母さんが遠ざかっていく　鈴木亜也子

学校帰り　家の前で立ち止まって
台所の窓をのぞく　台所の電気はあかあか
プーンとあまいにおいがする
お母さんの作っている夕はんのにおい
トントントン　お母さんの作っている　ごちそうの音
でも　それは一昔前
今は台所に電気なんてついてない
あまいにおいなんて忘れてしまった
もちろん　ごちそうを作る音なんて聞こえはしない

お母さんは理容師　夜遅くまで仕事をしている
前までは　お母さんが作った料理を
食べていたけど　今は出前
お母さんが私からはなれていく
お母さんが私から遠ざかっていく
「お母さんが私から遠ざかっていく」という、この悲痛な子供の叫びが聞こえ、涙が見えなければならないのです。

おかあさん　名越真理

おかあさんのかたって
広くて大きいなあ
おかあさんのかたを
ドンドンとたたく
せなかの方なら
「ごめんなさい」だっていえる

しつけに関するアンケート調査で圧倒的に多い答えは、「素直に『ごめんなさい』と言える子に育てたい」というのだそうです。しかし、子供は皆すなおで、心の中では「ごめんなさい」を言っているのです。だが恥ずかしくて面と向かって言えないだけのこと。その心の中の「ごめんなさい」を、大きな目と耳を開いて聞き取ってやってこそ、お母さんなのではないでしょうか。

教育心理学者の伊藤隆二氏は、

「子供は、淋しくなったときも、悲しくなったときも、そして嬉しくなったときも、真先に『母』を求める。母を求めてひた走りに走る。そして『母』という不思議な世界に包まれて、心から安らぐのである。専門語で『子宮回帰願望』というのであるが、子どもは意識の下で、かつて過ごしたもっとも安定した『場』である母の胎内に帰りたいという願いをもって生きている」と語り、さらに、

「子供にとって原点ともいえるその『母』が、〝鬼〟になり、〝悪魔〟になって、子供を苦しめ始めた。『母』の最大の役割は、安らぎの『安』の漢字が示すように、『家の中で、やさしく、おおらかに、そしていつでも微笑んでいる女性』であること、そのことにあるのに、その『母』が子供を叱り、急がせ、勉強をせまる〝調教師〟になってしまった」と、

語っています。傾聴に値する言葉であると思います。地蔵菩薩のご真言「オン　カカ　カビサン　マエイ　ソワカ」が、笑声と笑顔をあらわし、カカさまハハさまの呼び名もここに由来するという意味の深さをあらためて思い返し、つねにほほえみと笑い声をたやさずに生きたいと思うことです。そのためには、お母さんはもちろん、家族全員の力を合わせることが大切だと思います。

愛語施

次に愛語施ですが、ここでどうしてもお伝えしておかなければならないことは、道元禅師の愛語についてのお示しです。

「愛語といふは、衆生をみるにまず慈愛の心をおこし、顧愛《こあい》の言語をほどこすなり。（中略）慈念《じねん》衆生《しゆじよう》猶如《ゆうによ》赤子《しやくし》のおもひをたくはへて、言語するは愛語なり。徳あるはほむべし。徳なきはあはれむべし。（中略）怨敵を降伏し、君子を和睦ならしむること、愛語を根本とするなり。むかひて愛語をきくは、おもてをよろこばしめこころをたのしくす、むかはずして愛語をきくは、肝に銘じ魂に銘ず。（中略）愛語よく廻天《かいてん》の力あることを学すべきなり」

これは、道元禅師が『正法眼蔵《しょうぼうげんぞう》・菩提薩埵四摂法《ぼだいさったししょうぼう》』の中でお説きになっている言葉です。親が子を念う心で語る言葉、それが愛語であり、愛語は一人の人を百八十度転換させるだけの力を、国家や世界をひっくり返すほどの力をもっているというのですね。

愛とか愛語といいますと、やさしくあたたかく、ときに甘くさえある姿を想いおこしますが、そうとは限らないということも心にとめておかねばならないと思います。むしろ深い愛、切なる愛がなければ、叱ることもできないのではないでしょうか。

先頃、乗ったタクシーの運転手さんが、スイッチを入れてくれたラジオからこんな言葉が流れてきました。「この頃のお母さんは怒ることはあるけれど、叱らなくなった」と。私は思わず耳をそばだてました。そして考えました。怒ると叱るとどう違うのだろうと。

怒るという心の状態を分析してみますと、たとえ相手に非があっても、自分の思いにかなわないために腹を立ててしまったのであり、重心はどこまでも自分の方にあります。それに対して、叱るというのは、たとえいやな顔をされても、そのことを言うことで相手に嫌われ、自分が不利の立場に追いこまれてもよいから、とにかく相手がよくなってほしい、なんとか気づいてほしいという愛の思い、祈りの思いから出る言葉で、重心は相手のほうにあります。

腹を立ててしまったのでは、たとえ相手に非があろうと反発しか残りませんでしょう。道元禅師も、「にくむ心にてひとの非をみるべからず、ほとけも非を制することあれども、にくめとには非ず」とおっしゃっておられます。叱ることはほめることよりもむずかしい。よほどの愛がなかったら、叱れるものではありません。ですから、叱ってくださる方があったら、どんなに感謝してもしきれない思いで、その叱りをいただかなければならないと思うことです。

私も幾度か、心に刻みつけて忘れられない、叱っていただいた言葉があります。十五歳で出家してまもなくの頃、なまいきざかりで宗門や他人の欠点ばかりを指摘して、こうあるべきだ、ああああるべきだと、たてまえ論をふりかざしておりましたとき、私の師匠が「お前は自分をどれほど偉い人間だと思っているのか。どんな人からも学ぶという謙虚な姿勢がなければ駄目じゃないか」と叱っていただいた言葉。

また、大学時代、私は生来ノロマでして、いつでもお友達との約束時間には遅刻してゆくんですよ。あるとき法友三人で待ち合わせをして、やはり私が遅れてしまったんです。そのとき、T尼がS尼に「青山さんはいつも遅いんでね」と、つぶやくように言ったそうです。あとでS尼は私に、「貴尼が他人に少しでも悪く言われると、自分が悪く言われるよりつらいのよ。遅れないでちょうだい」と、涙をいっぱいためて叱ってくれました。私は思わず涙を流しながら、この法友のためにも決して遅れまい、と心に誓ったことです。

愛があればこそ、厳しく叱るべきときは叱らねばならないのです。はじめの方で福島の少年の「父の涙」という詩を紹介いたしましたね。涙を流して本気で叱ってくれる父の胸に、少年も涙を流しながらしがみついております。「愛語よく廻天の力あることを学すべきなり」です。

心慮施

次に三つ目が「心慮施」、思いやりということです。ひとつのことも、どちら側に立つかで、全然違った受けとめ方になるものでして、相手への思いやり、相手の身になってということは大変むずかしいことです。

ツルゲーネフが最晩年に書いたものに、『散文詩』というのがあります。その中に、「若い人は、若いというそれだけで、お年寄りに罪を犯している」という一節があるのです。二十歳を少しすぎた頃に読みましたときには、何という厳しい言葉か、そんなことはむしろ無理な言葉だ、若い者にとって若さはどうしようもないことじゃないかと、反発さえ感じました。
しかし、私もだんだん年をとりまして、目も眼鏡を借りなければ見えないようになり、歯も固いものはいただきにくくなり、疲れも翌日に持ちこむようになってみますと、そういう自分の前でカリカリと固いものをおいしそうな音をたてて食べたり、「眼鏡、眼鏡」と探さなくても小さな辞書が読めたりするのを見ていると、うらやましいという思いや、自分の体の衰えがいっそうきわだって見せつけられて、やはり淋しいものでございます。そうなってようやくツルゲーネフの言葉がうなずかれるようになったことです。思いやるということ、相手の立場に立つということは、とてもむずかしいことです。

大切な人、身近な人を失う悲しみも、体験しないとわからないものでございます。私は母や師匠をなくしたどうしようもない悲しみを通して、ようやくお葬式にゆく資格ができたなと思ったことでした。しかし、あまりに身につまされて、お経を誦んでいても一緒に泣けてきたり、法話をしながら泣いてしまったりして、しばらく困ったことがありました。でも、喪主の方は、一緒に泣いて下さったといって、むしろ感激してくださいましてね。思いやるということは、体験しなければわからないことで、そこでお釈迦様は口ぐせのように「わが身にひきくらべて」とおっしゃるんですね。

相手の立場で

最近、感動して読んだ本に、ハンセン病の方のために生涯を捧げて、五十一歳で亡くなった岩下壮一という神父さんの物語を書いた本を読ませていただきました。四歳で感染して、十七歳でそこに収容され、五十年そこにいる、今は七十くらいのその患者が思い出して語る、それを書き取ったものです。

その人は典型的なハンセン病で、両目は全部えぐりとられていて、まぶたがまひしてしまっているので義眼を入れることもできない。ガーゼで両目を押さえてばんそうこうがばってんにはってある。鼻もとうに落ちてしまっていて、顔の真ん中に二つ穴があいているだけ。くちびるもまひして、しまらない間からよだれがたれている。

その患者さんが、収容されてまもなく足がきかなくなった。そして、彼は岩下神父様のところに飛んでいった。岩下神父様という方は、小さい時にどうかして足を悪くされ、片足が不自由なのですが、自分の下がった足を見せて、私もそうなんだ、でもね、そんなことで負けちゃいけないんだと激励をする。

次第に病状が進行し、日に日に目が痛くなってくる。もうどうしようもなくなって、最後は目を摘出する。その目が痛んできたときに、この少年は岩下神父様に悲しみや怒りをぶつけるんですね。この前はちゃんとさがった足を見せて激励してくれた。しかし、今はどうする。神父様は元気じゃないか、目はとられていやしないじゃないか。あなたはライ患者ではない、ライ患者の苦しみがわかるか、と怒りをぶつけるのです。その時岩下神父様は泣きながら、何も言えない。

結局、病気の人の前では健康であるというだけで、病気の人を傷つける。これほど、思いやりというのは、どれほどさか立ちしても遠く及ばないものなのだろうと思います。どれほどやってもできないからといってしないでいいか。そうではない。どれほど努力しても遠く及ばないという痛みの中で、それを命がけでやることが「心慮施」ということではないでしょうか。

江戸時代に盤珪《ばんけい》禅師というお方がおられました。檀家のお姑さんがある日、お嫁さんのグチをこぼしにこられた。「今の嫁は……」と、いつの世も同じでございます。お婆ちゃんの心にわだかまったいろんな思いを盤珪禅師が、ていねいに吸い取り紙できれいにとるように聞きとったあげくに一言、「姑も昔は嫁にて候」と言ったんだそうです。

お嫁さんを他人と思いなさるな、あなたの歩いて来た道じゃ、あなたの過去の姿なのじゃ、ひとつ命の過去の姿だと受けとめろ、ということですね。全部を聞いていただいて、きれいに掃除されたお姑さんの心の中に、この禅師の心がストンと収まったんですね。

ある日、お嫁さんがまたやってこられて、姑さんのグチをこぼした。これも禅師、一言だけ「嫁が姑になるにて候」。必ず姑になる日がくる。明日の私の姿と受けとめろ。他人と受けとめなさるな、落選することのない姑立候補者が嫁だという、明日の私の姿といただきなさい。お互いに自分の姿、自分がそうされた時、どうなんだろうと立場を変えながら心を運ぶ。これを「心慮施」というのですね。

よくお茶の世界では、「亭主のそそうは客のそそうと思うべし。客のそそうは亭主のそそうと思うべし。客の心になりて亭主せよ。亭主の心になりて客いたせ」と、相手の立場に立って、ということをくり返し言うわけですが、むずかしいことではありますが、大事なことですね。

有名な話があります。エリザベス女王の話です。インドの国賓が来て晩さん会をした。最初に手を洗う水が来た。国賓が作法を知らなかったのか、のどが渇いていたのか、手を洗うボールの水を飲んでしまった。並みいる重臣たちが思わず笑いそうになったんですね。そしたら、エリザベス女王が間髪をいれずに、その水を飲まれた。みんな恥じ入って自分たちも飲んだといいます。恥をかかせないようにという心遣い、こういう思いやりが「心慮施」ということですね。

慈眼施

次に「慈眼施」、これは慈悲の眼、慈しみの眼をもって相手を見守る、そして見守られることです。見守り・見守られ、これを慈悲の眼を施すといいます。

私も五歳のとき実家を出て、母のもとを去りましたが、母はともに暮らせない私のために、十五年間寝たきりの父の看病の傍ら頑固に蚕を飼い続けまして、その蚕で糸を紡ぎ、「お前の一生着るものは織り残しておいてやりたい」と織り続けてくれ、着物から法衣、お袈裟、帯、コートなど、一生着きれないほどのものを織り残していってくれました。

今日は母の手織りの着物と帯だけ着てきましたが、母が一筋一筋紡いで織ってくれた着物に包まれて歩きますときに、母が亡くなって十三、四年経ちますが、母の祈りを、ぬくもりを、そのまま全身にいただき包まれて生きる、そんな思いがいたします。母の祈りに包まれ、母の見守りの中で生きる。見守られた方はよそ見ができません。どう生きたらこの母にご恩返しができるか、考えずにはおられません。愛を着せる。愛を食べさせる。この見守り。これがそのまま慈悲の見守りで、無財の七施の中の「慈眼施」でございます。

これは父や母がわが子を見守る眼、逆に、父や母や、あるいは心から尊敬する方の眼を見つめて生きる。その方のもう一つ後ろに仏の御見守りがある。仏の御眼がある。仏のことを「慈眼視衆生」――慈しみの眼で衆生を視る――と申しますね。そういうふうに頂戴していけばよいと思います。私がまた子や孫を見守る。すべてに向かってその慈しみの眼を向けていく。それが慈眼施ですね。

捨身施

「捨身施」というのは、この体でできることをさせていただきましょう、ということです。「捨」という文字は大変厳しいひびきを持っておりますが、どんな小さなことでもよい、心を運び、体を運んでお役に立たせていただきましょう、ということです。

坂村真民先生の詩に「小さなおしえ」というのがあり、その中に、

見知らぬ人でもいい
雨に濡れていたら
走って行って
傘に入れておやり

目の見えない人が歩いていたら
おっ母さんになったつもりで
手をひいておやり

という一節があります。まさに「捨身施」ですね。

以前、こんなことがありました。たくさんの荷物を持って、走る満員電車の中をよろけながら歩いていましたら、急にフッと荷物が軽くなったので、おどろいて振り返ると、汽車弁の売り娘さんが、ニコニコしながら荷物を持ってくれているんです。思わず「ありがとう」とお礼を言いますと、「何両目が空いていましたから、そこまでお持ちしましょう」と、うれしそうに先に立って案内してくれました。うれしゅうございましたね。こういうのを「捨身施」というのですね。ことの大小ではなく、その心がすばらしい。

その日、夜遅く塩尻の寺に戻りまして、駅からタクシーを拾い、参道の入り口で降りたんです。私の寺は参道が長く、このころまだ外灯もつけておりませんでしたから、真っ暗なんですね。タクシーの運転手さん、ズーッと私が参道を登り切って、最後の石段を登り終わるまでライトを照らして下さっていて帰らないんですよ。はじめは気がつかず、なぜいつまでも止まっているんだろうと不審に思ったのですが、途中で気がつきました。ああ、私のために、それとなく足もとを照らしてくれているのだな、と。石段を登り切って、本堂からもれてくる灯りでもう大丈夫というところまできたとき、タクシーは方向を変えて帰って行きました。名前も顔もおぼえていないその遠ざかりゆく車に向かって、私は思わず合掌をしたことでした。これなどは「捨身施」であると同時に、「心慮施」でもありましょう。

要するに、無財の七施はひとつひとつ独立してあるわけではなく、ひとつの心の働きが、顔に出たとき和顔施となり、言葉になったとき愛語施となり、行動にあらわれたとき捨身施となるというように、無限に展開していったものなのです。

房舎施、床座施

あと二つ、「房舎施」と「床座施」でございます。房舎施は安らぎの広場を提供する。考えてみますに、私どもも、あるお家に用があって行かなきゃいけないけれども、すごく広いお家だけれどもなかなか行きにくい家がありますね。お家は小さいし用はないんだけれども、何か用を作ってでも行きたいお家もあります。問題はお家の広さじゃない。そこに住む人の心に、人を受け入れる、人を安らかにさせる大きさが、広さが、豊かさがあるかどうかということじゃないかなと思います。

「床座施」というのは、雨露をしのげる場所を人にゆずれという表現なんです。これはいかにもインドらしい表現なんですね。先にふれましたように、インドでは路上生活者、貧しい人が非常に大きなパーセンテージを占めています。インドへ参りますと、たとえば菩提樹のような葉肉の厚い葉っぱの枝を、この広間ほども広げた大きな木がほうぼうにございます。そういう木陰にあつまって雨露をしのいで生活し、あるいは太陽の直射を避けて生活した人たちが、インドにはたくさんいたんじゃないかなあと思うわけですね。

私どもの毎日の生活の場に持って来た場合は、乗り物の中で席をゆずるとかいろいろ応用していただけるんじゃないだろうかと思います。私を先とせず、人を先としてということであろうかと思うんですね。最後は少し駆け足になりましたが、無財の七施をざっと眺めてみました。これらすべては、ひとつひとつ別ではないですね。たったひとつの心の無限の展開なのですね。

なくてはならぬ人

最後に「生かされて、生かして、生きる」というこのありようを、もう一歩深めて、その上に「許されて」という一言を加えたいと思います。ここに宗教に生きるものの深い生き方があると思うのです。「許されて、生かされて、生かして、生きる」というあり方でありたい。この「許されて」ということで思い出す話があります。私が尊敬申し上げている内山興正老師が、こんな話をされたことがあります。

お師匠様の沢木興道老師がまだご存命中のこと、京都・安泰寺の門前に掲示板を作り、こんな言葉を書かれた。「世の中には、なくてはならぬ人と、いてもいなくてもどっちでもいい人と、いないほうがいい人と三種類ある。あなたは自分自身が、どの部類に属する人間だと思いますか」と、一回目に書かれたそうです。だれしも「なくてはならぬ人間になりたい」と思いますね。「いてもいなくてもどっちでもよい」というのは、「枯木も山のにぎわい」とはいいながら、やはり淋しいですね。まして「いないほうがいい人間」といわれたらやりきれませんね。

内山老師は二回目に、「あなたは、自分こそ、世の中になくてはならぬ人間だと思っているのですか。私こそ世の中にはなくてはならぬ人間だぞよという顔をしたとき、世の中の人からは、いないほうがいい人と言われるようになっていることを忘れないように」と書いたというんです。ここのところ非常に微妙です。気をつけなければならないですね。なくてはならぬというのは他人様の言ってくれることで、私が言うことじゃない。私こそなくてはならぬ人間だぞよと、自分からそういう顔をしたときは、いくらその人がほんとうにそれだけの功績のあった人でも、まわりはいやになるんです。私がいるおかげで、ここのグループはここまできたのだ、この会社は私の努力で、この家は、お前たちは私のおかげでここまできたのだと、自分で自分の手柄を読み上げ、われこそなくてはならぬ人間だぞよという顔をしたとき、まわり中では、いないほうがいい人と言われるようになっているのだということを忘れてはいけないのです。自分の自覚としては、「私のような者は、失敗ばかり多くて、人様に迷惑ばかりかけて、ほんとうはいないほうがいい人間なのだけれども、みんなにがまんしていただいて、許していただいて、生かさせていただいている。そのご恩返しとしてできるだけのことはさせていただきましょう」。こういう謙虚な姿勢で一生懸命生きている人、そういう人が、第三者からは「なくてはならぬ人」と言われる人なのだというのですね。このへんがむずかしいところでございます。

私の好きな言葉に、「よく生きるとは、いまはよくないと気づくことだ」というのがあります。妙好人《みょうこうにん》と言われた浅原才市さんの肖像画には、角が二本書きこまれているそうです。非常に温厚な、信心の深い人で、それにふさわしい肖像画ができてきた。才一さんはその肖像画を見て、これは私のと違う、私の頭には角が生えているといって、角を二本書きこんでもらったというのです。この自覚、この懺悔、これが大事でしょうね。すぐに生えてくる自分の角が見えるためには、仏の光が明るくなくては見えません。

私の心の中にうごめくドロドロとした煩悩をそれと照らし出し、気づかせて下さるのは仏の光のおかげです。「松影の暗きは月の光なり」で、真暗闇では松のあるのも、松に影のあるのもわかりません。松があり、松に黒い影があるのを見せてくれるのは月の光です。月の光が明るいほどに、松影は黒く浮かび上がります。親鸞聖人が「罪悪深重、煩悩熾盛の凡夫」と自分のことを呼ばないではおれなかったのは、月影が、仏の光がいかに明るく親鸞聖人を照らしていたかの証拠です。光が明るいほどにおのが醜さが、おのが角が見え、おのが心の中の闇の深さを知るほどに、仏の光の明るさを知り、ますます謙虚に、ますます仏に掌を合わせつつ生きるという姿になるのではないでしょうか。

「許されて、生かされて、生かして、生きる」、そういう心の持ちようで、いただいた一日一日の命の、今ここの足もとの仕事に立ち向かってまいりたいものと思います。

青山　俊董（あおやま　しゅんどう）
昭和８年、愛知県一宮市に生まれる。五歳の頃、長野県塩尻市の曹洞宗無量寺に入門。15歳で得度し、愛知専門尼僧堂に入り修行。その後、駒澤大学仏教学部、同大学院、曹洞宗教化研修所を経て、39年より愛知専門尼僧堂に勤務。51年、堂長に。59年より特別尼僧堂堂長および正法寺住職を兼ねる。現在、無量寺東堂も兼務。昭和54、62年、東西霊性交流の日本代表として訪欧師、修道院生活を体験。昭和46、57、平成23年インドを訪問。仏跡巡拝、並びにマザー・テレサの救済活動を体験。昭和59年、平成9、17年に訪米。アメリカ各地を巡回布教する。参禅指導、講演、執筆に活躍するほか、茶道、華道の教授としても禅の普及に努めている。平成16年、女性では二人目の仏教伝道功労賞を受賞。21年、曹洞宗の僧階「大教師」に尼僧として初めて就任。曹洞宗師家会会長、明光寺（博多）僧堂師家。
著書：『くれないに命耀く』『手放せば仏』『光のなかを歩む』『光に導かれて』『光を伝えた人々』『あなたに贈ることばの花束』『花有情』（以上、春秋社）、『新・美しき人に』（ぱんたか）、『一度きりの人生だから』『あなたなら、やれる』（以上、海竜社）、『泥があるから、花は咲く』（幻冬舎）他多数。

生かされて生かして生きる

1989年10月20日　初版第1刷発行
2017年 2 月28日　新版第1刷発行

著　者　青山　俊董
発行者　澤畑　吉和
発行所　株式会社春秋社
〒101-0021
東京都千代田区外神田2-18-6
電話　(03)3255-9611(営業)　(03)3255-9614(編集)
振替　00180-6-24861
http://www.shunjusha.co.jp/
印刷所　萩原印刷株式会社
装　丁　野津　明子
装　画　荒崎　良和

©Shundo Aoyama 2017 Printed in Japan
ISBN 978-4-393-15341-3　C0015　　定価はカバー等に表示してあります。

青山俊董の本

あなたに贈る　ことばの花束

四季折々の野の花たちに囲まれた百四十句の言葉たち。それは著者自身の人生の中で常に指針となり慰めとなったものである。ちょっとホッとする時間に誘われる会心のエッセイ。

一〇〇〇円

くれないに命耀く　禅に照らされて

熱烈な求道の道々にある出会いと別れの数々。その機縁を和歌に活かして成った随筆は、自身の身の置き所を失ったすべての人びとに送る自己再生のための「人生講話」。

一八〇〇円

光を伝えた人々　従容録ものがたり

碧巌録と並ぶ公案集として有名な従容録の問答を機縁に、単なる禅問答の知的理解にとどまらず、あくまでも生活に根ざした「今・ここ」をいきいきと生きるための智慧を語る。

一七〇〇円

光に導かれて　従容録ものがたりⅡ

禅の公案集として名高い『従容録』一則一則の要諦を懇切に解説。即今只今を真実に生きるための素材として豊富な話材を駆使して語る易しい法話集、第二集。

一八〇〇円

光のなかを歩む　従容録ものがたりⅢ

かけがえのない「即今只今」を、ほんとうに真摯にかつ真実に生きるための素材として、『従容録』の禅問答を豊富な話材を駆使して語る法話集の白眉。待望の第三集、完結編。

一八〇〇円

▼価格は税別。